Dietmar Herrmann

Programmierprinzipien in BASIC und Pascal

Programmieren von Mikrocomputern

Die Bände dieser Reihe geben den Benutzern von Heimcomputern, Hobbycomputern
bzw. Personalcomputern über die Betriebsanleitung hinaus zusätzliche Anwendungshilfen.
Der Leser findet wertvolle Informationen und Hinweise mit Beispielen zur optimalen
Ausnutzung seines Gerätes, besonders auch im Hinblick auf die Entwicklung eigener
Programme.

Bisher erschienene Bände

Programmieren von Mikrocomputern   Band 11

Dietmar Herrmann

Programmierprinzipien in BASIC und Pascal

Mit 12 BASIC- und 13 Pascal-Programmen

Herausgegeben von Harald Schumny

Springer Fachmedien Wiesbaden GmbH

CIP-Kurztitelaufnahme der Deutschen Bibliothek·

Herrmann, Dietmar:
Programmierprinzipien in BASIC und Pascal: mit
12 BASIC- und 13 Pascal-Programmen / Dietmar
Herrmann. – Braunschweig; Wiesbaden: Vieweg,
1984.
   (Programmieren von Mikrocomputern; Bd. 11)
   ISBN 978-3-528-04258-5   ISBN 978-3-322-86163-4 (eBook)
   DOI 10.1007/978-3-322-86163-4
NE: GT

1984

ISBN 978-3-528-04258-5

Inhaltsverzeichnis

Vorwort

Stößt man auf eine besonders elegante Formulierung eines Algorithmus, so fragt man sich meist, wie der Autor auf die entsprechende Programmieridee gekommen ist. Mustert man eine Vielzahl von Algorithmen genauer, so erkennt man, daß es etwa ein Dutzend grundlegender Programmiertechniken gibt. Im vorliegenden Band sollen daher einige solche Programmierprinzipien wie

— Top-down-Prinzip
— Rekursion
— Iteration
— Backtracking-Verfahren
— Teile-und-Herrsche-Prinzip
— Greedy-Algorithmen

vorgestellt werden. Ihre Realisierung wird an Hand von 25 vollständigen BASIC- und Pascal-Programmen diskutiert. Diese Programme sind vielfältigen Bereichen entnommen: Neben numerischen und unterhaltungs-mathematischen Problemen werden auch kombinatorische, Sortier- und Operations-Research-Fragen behandelt, z.B.

— Permutationen
— Springerzug
— Labyrinth
— Quicksort
— Rucksackproblem
— Travelling-Salesman.

Viele Algorithmen sind durch Struktogramme erklärt und können damit gegebenenfalls in andere Programmiersprachen übertragen werden.

Anzing, Oktober 1983 *Dietmar Herrmann*

Einführung

Während in der Frühzeit des Programmierens die Programmerstellung mehr oder weniger Sache des persönlichen Geschmacks bzw. Geschicks war, hat sich mittlerweile das „Software-Engineering" entwickelt, das eine ganze Reihe von Anforderungen an Programme erstellt.

Ausgangspunkt war die Entwicklung des strukturierten Programmierens, die sich in dem Buch „Structured Programming" von *Dijkstra, Hoare* und *Dahl* (1972) niederschlug. Vorausgegangen war die berühmte Kontroverse um *Dijkstra's* "GOTO-considered harmful" (1968). Ziel des Strukturierens war, unter strikten Anwendung der Kontrollstrukturen

— repetive Anweisung (FOR .. DO,REPEAT .. UNTIL,WHILE .. DO)
— alternative Anweisung (IF .. THEN .. ELSE,CASE .. OF)
— Verbundanweisung (BEGIN .. END)

und unter Vermeidung der Sprunganweisung (GOTO) den Programmablauf überschaubar und kontrollierbar zu machen.

Die Korrektheit eines Programms sollte formal und nicht durch Testläufe bewiesen werden. Was bewirkt der folgende Programmabschnitt?

```
x := x − y;
y := x + y;
x := y − x;
```

Hat x anfangs den Wert a und y den Wert b, so folgt entsprechend

```
x := a − b;
y := (a − b) + b = a;
x := (a − b) + b − (a − b) = b;
```

Damit ist formal gezeigt, daß bei diesem Programmabschnitt die Variablen x und y ihren Wert austauschen.

Durch Aufstellen von Invarianten sollten Schleifen formal verifiziert werden können. Folgender Programmausschnitt bestimmt das Maximum des Feldes $a[i]$, $1 \leqslant i \leqslant n$:

```
i := 1;  m := 1;
while i < n do
    begin
        i := i + 1;
        if a[i] > a[m] then m := i
    end;
max := a[m];
```

Die auftretende WHILE .. DO-Schleife hat folgende Invarianten

$$(1 \leqslant i \leqslant n) \land (1 \leqslant m \leqslant i) \land (a[m] \geqslant a[1], ..., a[m] \geqslant a[n])$$

Wäre eine der Invariantenbedingung verletzt, so würde das Programmstück nicht den Anforderungen genügen.

Ebenso sollte das Determinieren eines Algorithmus formal verifiziert werden. Folgendes Programmstück liefert das Produkt der Variablenwerte $x \cdot y$ $(x, y > 0)$:

```
z := 0;   u := x;
repeat
          z := z + y;
          u := u − 1
until u = 0;
```

Da in der REPEAT .. UNTIL-Schleife gleiche Summanden y aufsummiert werden, lautet die Invariantenbedingung

$$(z + u \cdot y = x \cdot y) \wedge (u \geqslant 0).$$

Zusammen mit der Abbruchbedingung der Schleife $(u = 0)$ folgt

$$(z + u \cdot y = x \cdot y) \wedge (u = 0) \Rightarrow (z = x \cdot y)$$

also das gewünschte Resultat, daß z den Produktwert von x und y liefert. Die Schleife determiniert somit genau nach x Schritten.

Die eben angeführten Forderungen des strukturierten Programmierens ermöglichen aber nicht nur die formale Verifikation eines Programms, sondern erleichtern auch wesentlich das Modifizieren und Warten von Programmen. Weitere Forderungen des Software-Engineerings können dem Diagramm auf Seite 3 entnommen werden (aus [8]).

Eine wichtige Programmiertechnik, die sich aus dem Prinzip des Strukturierens ergibt, ist die *Top-down-Methode.* Dabei wird das gegebene Problem in kleinere, einzeln lösbare und überschaubare Problemschritte zerlegt. Das Gegenteil des Top-down-Prinzips ist die *Buttom-up-Methode,* bei der das Programm aus einzelnen vorgefertigten Programmteilen, Prozeduren usw. zusammengegesetzt wird.

Ebenfalls vom Großen ins Kleine geht das Prinzip *Teile-und-Herrsche.* Wie von der Binärsuche bekannt ist, wird die Anzahl der zu untersuchenden Alternativen bei jedem Schritt halbiert. Dieses Prinzip wird an zwei Sortierverfahren aufgezeigt, am Quicksort und am Sortieren durch binäres Einfügen. Daß auch manchmal der Problemumfang gedrittelt werden kann, wird am Beispiel eines Wägealgorithmus dargestellt.

Auch die *Methode der algebraischen Vereinfachung* verlagert das Problem vom Komplizierten zum Einfachen. Dieses Prinzip wird hier zur Berechnung des größten gemeinsamen Teilers, des elliptischen Integrals 1. Art und des Modulorests einer Potenz angewandt.

Ein seit langem bekanntes Programmierprinzip ist das der *Rekursion.* Die Rekursion ist etwas in Miskredit geraten, da viele Programmiersprachen keine rekursiven Prozeduren erlauben und sie, ungeschickt angewandt, wenig effektive Programme erzeugt. Manche Informatikprofessoren sind der Meinung, daß Rekursion prinzipiell zu vermeiden sei. Jedoch gibt es eine ganze Reihe von Algorithmen, die, rekursiv formuliert, sehr effektiv sind oder in natürlicher Weise auf rekursiven Datenstrukturen operieren.

Ein in der numerischen Mathematik vielbenützte Programmtechnik ist die *Iteration.* Nach *D. E. Knuth* (1974) ist die Umwandlung eines rekursiven Schemas in ein iteratives

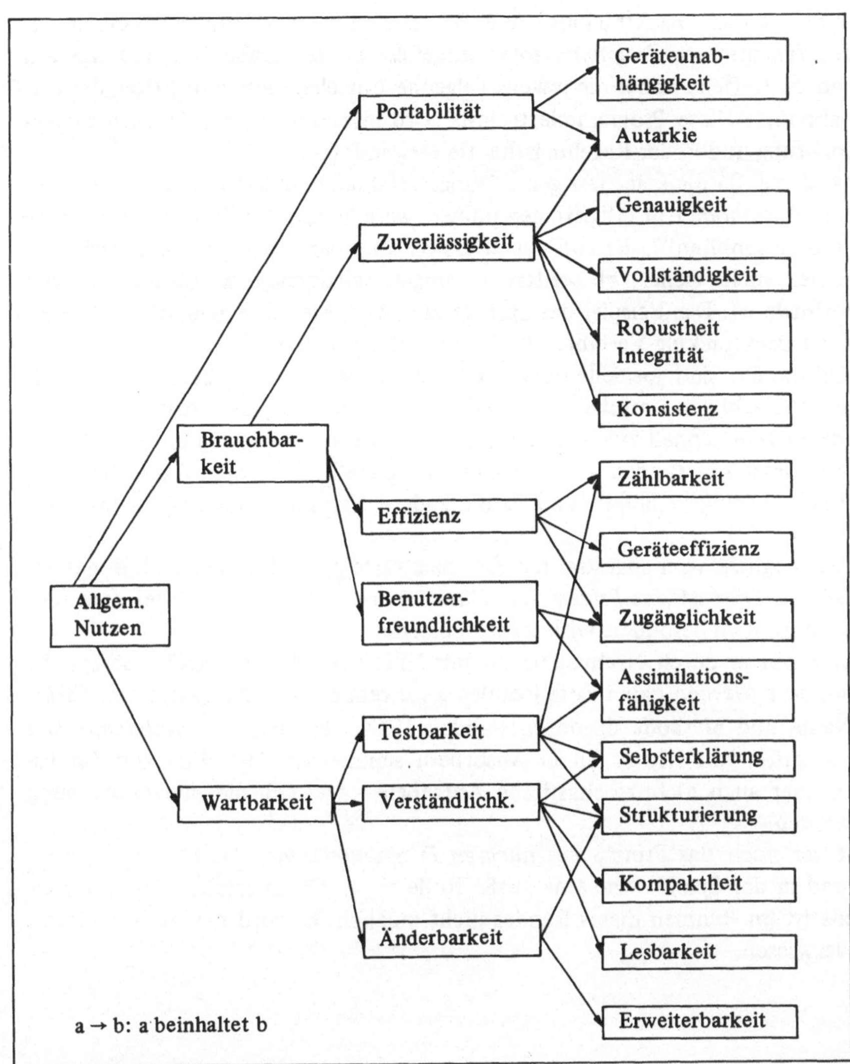

eines der grundlegendsten Konzepte der Informatik. Als Anwendung werden die Ackermann- und Gammafunktion iterativ berechnet, ebenso die Binomialkoeffizienten.

Spezielle rekursive Verfahren sind die *Backtracking-Verfahren*, die eine Lösung durch systematisches Ausprobieren ansteuern. Sie sind imstande, sich aus einer „Sackgasse" zurückzuziehen und einen neuen Ausgangspunkt zu suchen, der eine Weiterentwicklung erlaubt. Als typische Backtracking-Verfahren werden hier der Springerzug, Wegsuche in einem Labyrinth und ein Rucksackproblem behandelt.

Mit dem Backtracking verwandt sind die *Branch-and-Bound-Verfahren*. Sie durchmustern eine Vielzahl von Möglichkeiten (*Branch*) und führen aber nur eine beschränkte

Auswahl (*Bound*) durch. Backtracking- und Branch-and-Bound-Verfahren können als Spezialfälle des *dynamischen Programmierens* aufgefaßt werden. Dabei ist eine Folge von Entscheidungen zu treffen, wobei die jeweils folgende Entscheidung vom Erfolg der vorhergehenden abhängt. Diese Programmiertechnik wird insbesondere bei der mehrdimensionalen Optimierung und in der Regelungstheorie verwendet.

Viele Probleme, für die keine fertigen Lösungsverfahren existieren, können mit Hilfe von *heuristischen Methoden* in Angriff genommen werden. Sie beruhen auf einer Idee („Probieren und Überprüfen"), die auf Versuchsbasis zu einer Lösung kommt. Dabei ist es im allgemeinen nicht sicher, ob weitere Lösungen existieren bzw. ob die erreichte Lösung die optimale ist. Das Beispiel des Springerzugs zeigt hier, daß heuristische Methoden durchaus mit Backtracking-Verfahren konkurrieren können.

Greedy-Methoden sind spezielle heuristische Verfahren, die, wie beim Branch-and-Bound, bei einer Vielzahl von Entscheidungen genau eine naheliegende in Angriff nehmen. Sie kommen daher sehr schnell zu einer Lösung, die jedoch nicht notwendig die optimale ist. Es gibt aber Greedy-Methoden — wie der hier dargestellte Rucksack-Algorithmus —, die stets optimale Lösungen liefern und damit andere Verfahren an Effektivität übertreffen.

Oft ist es möglich, vom angestrebten Ziel rückwärts gehend zu einem Lösungsverfahren zu gelangen. Dies ist das *Prinzip des Rückwärtsrechnens.* Es wird bei dem hier behandelten Jeepproblem besonders wirkungsvoll benützt.

Wird ein Problem durch Nachvollziehen mit Hilfe eines Modells gelöst, so spricht man von *Simulation.* Werden dabei Zufallszahlen angewendet, so heißt dies *Monte-Carlo-Simulation.* Name und Methode davon entstanden 1944, als *Ulm, Von Neumann* und *Fermi* die Absorption von Neutronen in Absorbern simulierten. Mit Hilfe von Zufallszahlen können aber auch nicht-stochastische Aufgaben — wie z.B. die Integralrechnung — behandelt werden.

Erwähnt sei noch das Prinzip des *linearen Programmierens,* das bei der linearen Optimierung und in der Spieltheorie eine große Rolle spielt. Die Darstellung des linearen Programmierens ist im Rahmen dieses Bandes nicht möglich. Es wird hier auf die Literatur, z.B. [10] verwiesen.

1 Top-down-Methode

Unter der Top-down-Methode versteht man die Zerlegung eines komplexeren Problems in mehrere überschaubare Teilprobleme, die einzeln für sich korrekt gelöst werden können [1]. Hat man sich überzeugt, daß diese Teilschritte ihre Funktion erfüllen, so läßt sich durch Formulierung in einer geeigneten Programmiersprache ein komplexes Programm zusammenfügen. Sind die erwähnten Teilschritte noch zu umfangreich, so müssen sie in weitere Unterteilschritte zerlegt werden.

In der Programmiersprache ELAN können solche schrittweisen Verfeinerungen (*Refinements*) direkt programmiert werden. In Pascal, das auf dem Prozedurkonzept beruht, formuliert man geeignete Prozeduren, die die jeweiligen Teilschritte lösen. Beim Zusammenfügen von BASIC-Programmteilen muß sorgfältig auf Namenskollisionen von Variablen geachtet werden, da es im Standard-BASIC nur globale Variable gibt.

1.1 Gauß-Elimination

Ein Standardverfahren zur Lösung linearer Gleichungssysteme ist das Gaußsche Eliminationsverfahren. Die struktuierte Formulierung lautet:

lies Gleichungssystem ein
forme auf Dreiecksgestalt um
löse Dreieckssystem
gib Lösung aus

"forme auf Dreicksgestalt um" kann zerlegt werden in

für i := 1 bis n − 1	
	für j := i + 1 bis n
	subtrahiere gleichung (i, j)

dabei ist n die Anzahl der Unbekannten.
„subtrahiere gleichung(i, j)" wird verfeinert zu

$c := a_{ji}/a_{ii}$	
für k := i + 1 bis n + 1	
	$a_{jk} := a_{ik} - c a_{ik}$

dabei sind a_{ij} die Koeffizienten des Gleichungssystems.

"löse Dreieckssystem" wird zerlegt in

<table>
<tr><td>für i := n vermindere um 1 bis n</td></tr>
<tr><td style="padding-left:2em">x_i := summe (i)/a_{ii}</td></tr>
</table>

die Verfeinerung "summe (i)" läßt sich darstellen als

<table>
<tr><td>summe := $a_{i,n+1}$</td></tr>
<tr><td>für k := i + 1 bis n</td></tr>
<tr><td style="padding-left:2em">summe := summe − $a_{ik}x_k$</td></tr>
</table>

Von diesen Teilproblemen kann nur *summe* (i) als Funktion vereinbart werden, da dabei ein reeller Wert übergeben wird. Die übrigen Teilschritte sind im folgenden Pascal-Programm als Prozeduren formuliert.

Bei der oben beschriebenen Division durch das Hauptdiagonalelement a_{ii} muß natürlich das Nichtverschwinden des Elements vorausgesetzt werden. Falls a_{ii} Null ist oder sehr klein, so muß ein entsprechender Zeilentausch vorgenommen werden.

```
100 program gausselimination(input,output);
110 type      index=1..10;
120           vektor=array[index] of real;
130           matrix=array[index,index] of real;
140 var       i,j,n:index;
150           x:vektor;
160           a:matrix;
170 procedure lies_gleichsystem_ein;
180 begin
190 a[1,1]:=6.0;a[1,2]:=-4.0;a[1,3]:=3.0;a[1,4]:=7.0;
200 a[2,1]:=3.0;a[2,2]:=5.0;a[2,3]:=-8.0;a[2,4]:=-11.0;
210 a[3,1]:=2.0;a[3,2]:=0.0;a[3,3]:=4.0;a[3,4]:=14.0
220 end;
230 procedure subtrahiere_gleichung(i,j:index);
240 var       c:real;k:index;
250 begin
260 c:=a[j,i]/a[i,i];
270 for k:=i+1 to n+1 do
280           a[j,k]:=a[j,k]-c*a[i,k]
290 end;
300 function summe(i:index):real;
310 var       s:real;k:index;
320 begin
330 s:=a[i,n+1];
340 for k:=i+1 to n do
350           s:=s-a[i,k]*x[k];
360 summe:=s
370 end;
380 procedure gib_loesung_aus;
390 var       i:index;
400 begin
```

```
410 for i:=1 to n do write(x[i]:6:3)
420 end;
430 begin
440 writeln('Wieviele Unbekannte?');
450 read(n);
460 lies_gleichsystem_ein;
470 (* Dreieckszerlegung *)
480 for i:=1 to n-1 do
490         for j:=i+1 to n do
500            subtrahiere_gleichung(i,j);
510 (* Aufloesung des Dreieckssystems *)
520 for i:=n downto 1 do
530         x[i]:=summe(i)/a[i,i];
540 gib_loesung_aus;
550 end.


1.000    2.000    3.000
```

1.2 Primzahlsieb

Das Primzahlsieb-Verfahren des Eratosthenes kann nach *Denert/Frank* [3] wie folgt strukturiert werden:

fülle das Sieb
schüttle es, bis es leer ist

Der letzte Schritt wird zerlegt in

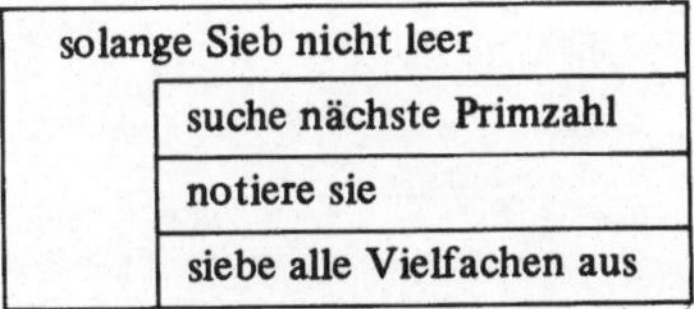

"suche nächste Primzahl" wird als Funktion *naechst* (q) formuliert

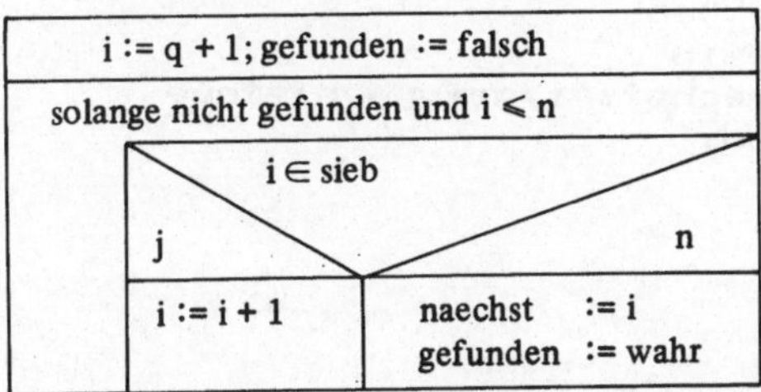

"siebe alle Vielfachen aus" wird zur Prozedur *aussieben* (p)

<table>
<tr><td colspan="2">   vielfach := 1</td></tr>
<tr><td colspan="2">solange vielfach · p ≤ n</td></tr>
<tr><td> </td><td>sieb := sieb − [vielfach∗p]
vielfach := vielfach + 1</td></tr>
</table>

"notiere sie" wird durch die Anweisung

primzahl := primzahl + [p]

realisiert.

"fülle das Sieb" erfolgt durch

sieb := [2 .. n]

innerhalb der Prozedur *setze_anfangswerte*. Damit ist das folgende Pascal-Programm erklärt.

```
100 program primzahlsieb(output);
120 (*  Strukturierte Version
130                              nach Denert/Frank    *)
140 const  n=127;
150 var    sieb,primzahl:set of 2..n;
160        primz:1..n;
170 (*                                               *)
180 procedure aussieben(p:integer);
190 var    vielfach:integer;
200 begin
210 vielfach:=1;
220 while vielfach*p<=n do
230                 begin
240                 sieb:=sieb-[vielfach*p];
250                 vielfach:=vielfach+1
260                 end
270 end;
280 (*                                               *)
290 function naechst(q:integer):integer;
300 var      i:integer;gefunden:boolean;
310 begin
320 i:=q+1;gefunden:=false;
330 while not gefunden and (i<=n) do
340                 begin
350                 if i in sieb then
360                         begin
370                         naechst:=i;gefunden:=true
380                         end;
390             i:=i+1
400             end
410 end;
420 (*                                               *)
430 procedure ausgabe;
440 var  i:integer;
450 begin
460 for i:=2 to n do
470                 if i in primzahl then write(i:4)
480 end;
```

```
490 (*                                              *)
500 begin     (*Hauptprogramm *)
510 primz:=1;
520 primzahl:=[];
530 sieb:=[2..n];
540 while sieb <> [] do
550                 begin
560                 primz:=naechst(primz);
570                 primzahl:=primzahl+[primz];
580                 aussieben(primz)
590                 end;
600 ausgabe
610 end.
```

2 Algebraische Umformungen

Als speziellen Fall der Top-down-Methode kann die Methode der algebraischen Umformung angesehen werden, da auch hier der Schritt vom komplizierteren zum einfachen getan wird.

2.1 Größter gemeinsamer Teiler

Der wohl älteste Algorithmus ist das Verfahren von Euklid zur Bestimmung des größten gemeinsamen Teilers (ggT). Die Berechnung des ggT zweier Zahlen a und b kann vereinfacht werden, indem man die größere Zahl durch den Rest ersetzt, der sich bei der Division durch die kleinere Zahl ergibt:

$$ggT(a, b) = ggT(b, a \bmod b)$$

Setzt man das Verfahren fort, so ergibt sich einmal der Rest 0, da die Divisionsreste stets kleiner werden. Der ggT berechnet sich dann aus

$$ggT(b, 0) = b.$$

In Pascal läßt sich der Euklidsche Algorithmus rekursiv definieren

```
if a = 0   then  ggT := b
           else   ggT := ggT(b, a mod b)
```

Eine rekursive Berechnung ist möglich, da die Rekursionstiefe beschränkt ist. Nach dem Satz von Lamé [4] sind höchstens

$$n \leqslant 5 \log_{10} b$$

Divisionen nötig; d.h. für Zahlen $\leqslant 1000$ beträgt die Rekursionstiefe höchstens 15.

Zur Berechnung des ggT mehrerer Zahlen kann in Pascal der Funktionsaufruf auch verschachtelt werden. Z.B. gilt

$$ggT(ggT(154, 168), 182) = 14$$

(vgl. Programm).

```
100 program ggtrekursiv(input,output);
110 var a,b:integer;
120 (*                                        *)
130 function ggt(m,n:integer):integer;
140 (* rekursive Definition des ggt *)
150    begin
160     if n=0 then ggt:=m
170          else ggt:=ggt(n,m mod n)
180    end;
190 (*                                        *)
200 begin
```

```
210  writeln(ggt(132,72));
220  writeln(ggt(ggt(154,168),182));
230  writeln(ggt(ggt(ggt(121,88),110),132))
240  end.


         12
         14
         11
```

2.2 Elliptisches Integral 1. Art

Ein zweites Beispiel zur Methode der algebraischen Umformungen liefert die Berechnung des elliptischen Integrals 1. Gattung

$$K(a, b) = \int_0^{\pi/2} \frac{dx}{\sqrt{a^2 \sin^2 x + b^2 \cos^2 x}} \tag{1}$$

Gauß zeigte, daß bei der Transformation

$$a' = \sqrt{ab}$$

$$b' = \frac{a + b}{2}$$

(Methode des arithmetisch-geometrischen Mittels) der Wert des elliptischen Integrals unverändert bleibt

$$K(a, b) = K(a', b')$$

Setzt man das Verfahren iterativ fort, bis a' und b' auf Rechengenauigkeit übereinstimmen, so läßt sich der Integralwert leicht aus

$$K(a', a') = \frac{\pi}{2a'}$$

berechnen. Dieses Verfahren wird im folgenden BASIC-Programm durchgeführt.

Allgemein heißt ein Integral elliptisch, wenn es ein Polynom 3. oder 4. Grades unter unter einer Wurzel enthält. Solche Integrale treten bei zahlreichen physikalischen und technischen Anwendungen auf. Ein Beispiel dafür ist die Schwingungsdauer T eines Pendels der Länge l, das am Umkehrpunkt den Winkel $\alpha/2$ gegen die Vertikale bildet

$$T = 2 \sqrt{\frac{l}{g}} \int_0^{\pi/2} \frac{d\varphi}{\sqrt{1 - \sin^2 \frac{\alpha}{2} \sin^2 \varphi}}$$

Elliptische Integrale 1. Gattung können durch eine geeignete Substitution auf die Legendre-Normalform

$$K(k) = \int_0^{\pi/2} \frac{dx}{\sqrt{1 - k^2 \sin^2 x}} \tag{2}$$

gebracht werden. Durch Umformen des Radikanden von (2)

$$1 - k^2 \sin^2 x = \sin^2 x + \cos^2 x - k^2 \sin^2 x = (1 - k^2) \sin^2 x + \cos^2 x$$

wird für

$$a = 1 - k^2, b = 1$$

die Integralform (1) angenommen.

Weitere wichtige Anwendungen des Prinzips der algebraischen Umformung sind die schnelle Fouriertransformation (siehe z.B. [4]) und die Modulo-Arithmetik.

```
100 REM ELLIPTISCHES INTEGRAL 1.ORDNUNG
110 :
120 PRINT"VOLLST.ELLIPTISCHES INTEGRAL 1.ORDNUNG"
130 PRINT:INPUT"EINGABE DER PARAMETER";A,B
140 GOSUB 180
150 PRINT:PRINT"ELLIPT.INTEGRAL(";A;",";B;")=";K
160 END
170 :
180 REM UNTERPROGRAMM ITERATION
190 REM NACH DER METHODE DER ARITHMETISCHEN UND
200 REM GEOMETRISCHEN MITTELS VON GAUSS
210 X=A:Y=B
220 :
230 Z=SQR(X*Y)
240 Y=(X+Y)/2
250 X=Z
260 IF ABS((X-Y)/X)>1E-8 THEN 230
270 :
280 K=π/(2*X)  : REM INTEGRALWERT
290 RETURN
READY.
```

```
ELLIPT. INTEGRAL  1. ORDNUNG


EINGABE DER PARAMETER? 1,4

ELLIPT.INTEGRAL( 1 , 4 )= .700301521
```

2.3 Modulorest einer Potenz

Als Beispiel der Modulo-Arithmetik soll hier der Modulorest einer Potenz berechnet werden. Restbildung von Potenzen spielt eine große Rolle bei Primzahltests. Ausgangspunkt neuerer Primzahltests ist der sogenannte kleine Fermatsatz (1640):

$$p \text{ prim, } ggT(a, p) = 1 \Rightarrow a^p = a \bmod p.$$

Dieser Satz liefert eine notwendige Bedingung für Primzahlen. Wegen

$$3^{1037} = 845 \bmod 1037$$

scheidet die Zahl 1037 als Primzahlkandidat aus. Dieser Satz ist jedoch nicht hinreichend, da auch für die Nichtprimzahl 561

$$3^{561} = 3 \bmod 561$$

gilt.

1930 hat *Lehmer* einen Primzahltest von *Lucas* (1876) verbessert, so daß Mersenne-zahlen der Form

$$2^p - 1$$

innerhalb von wenigen Stunden auf Primzahleigenschaft getestet werden können. Mit Hilfe des Lehmer-Lucas-Tests fand man im September 1983 die zur Zeit größte bekannte Primzahl

$$2^{132049} - 1$$

mit 39751 Dezimalstellen. Seither sind weitere effektive Primzahltests entwickelt worden, die auch für beliebige 1000-stellige Zahlen nur wenige Tage Rechenzeit benötigen.

Für Primzahlfaktorisierung dagegen fehlt es noch an effektiven Verfahren. Für beliebige 200-stellige Zahlen benötigt man noch $3{,}8 \cdot 10^9$ Jahre zur vollständigen Faktorisierung. Es gibt auch Zahlen, deren Zerlegbarkeit bekannt ist, z.B.

$$2^{256} + 1$$

deren Primzahlteiler bis heute (1983) unbekannt sind.

Die große Rechenzeit, die für die Primfaktorisierung benötigt wird, haben sich *Rivest, Shamir* und *Adlemann* für ihr Verschlüsselungssystem (RSA-System) zunutze gemacht. Es hat große Bedeutung in der Kryptologie, da man hier die Verschlüsselungsmethode offenbaren kann, ohne eine Entschlüsselung befürchten zu müssen. Dies gilt jedenfalls, solange kein „schnelles" Primfaktorisierungsverfahren entwickelt wird. Eine ausführliche Darstellung des RSA-System findet sich in [9].

Das folgende BASIC-Programm berechnet den Modulorest einer Potenz unter Benützung der multiplikativen Eigenschaft der Restbildung. Rechnet man nämlich modulo einer bestimmten Zahl, so ist der Rest eines Produkts gleich dem Produkt der Reste der einzelnen Faktoren.

Die muliplikative Zerlegung der Potenz wird über die Binärzerlegung des Exponenten berechnet. Z.B. hat 1037 die Binärdarstellung

$$1037 = (10000001101)_2$$

und läßt sich somit als Summe von Zweierpotenzen schreiben

$$1037 = 1024 + 8 + 4 + 1.$$

Dies liefert die Faktorisierung der Potenz

$$3^{1037} = 3^{1024} \cdot 3^8 \cdot 3^4 \cdot 3^1$$

Diese Potenzen können sehr effektiv durch wiederholtes Quadrieren berechnet werden, z.B.

$$3^{1024} = (((((((((3^2)^2)^2)^2)^2)^2)^2)^2)^2)^2$$

Durch fortlaufendes Modulorechnen werden alle Reste miteinander multipliziert und so eine Bereichsüberschreitung (*overflow*) des Rechners verhindert. Das Verfahren wird durch das Struktogramm dargestellt. Als Programmbeispiel wurde

$$727^{5891} = 462 \bmod 11023$$

berechnet.

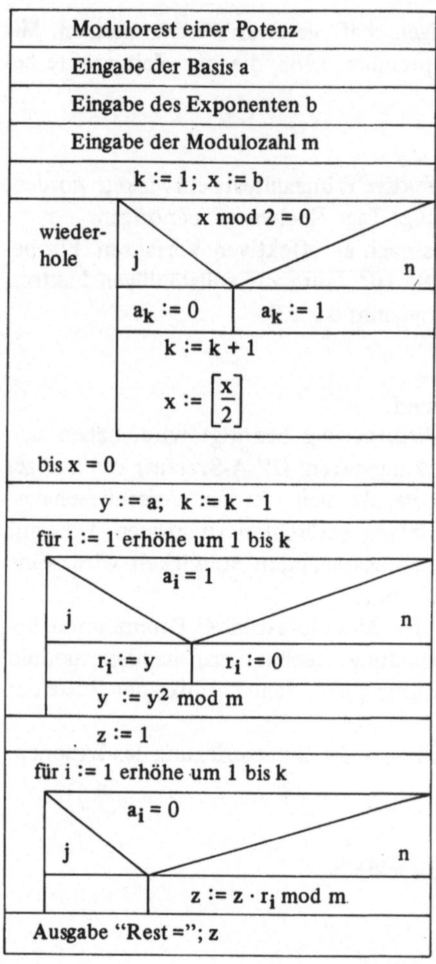

```
100 REM MODULOREST EINER POTENZ
110 :
120 DIM A(250),R(250)
130 :
140 INPUT"BASIS";A
150 INPUT"EXPONENT";B
160 INPUT"MODULOZAHL";M
170 :
180 REM BINAERENTWICKLUNG
190 K=1:X=B
200 N=INT(X/2)
210 IF N=X/2 THEN A(K)=0:GOTO 230
220 A(K)=1
230 K=K+1
240 X=N
250 IF X>0 THEN 200
260 K=K-1
270 :
280 REM BILDEN DER QUADRATRESTE
290 Y=A
300 FOR I=1 TO K
310 IF A(I)=1 THEN R(I)=Y
320 Y=Y*Y
330 Y=Y-INT(Y/M)*M
340 NEXT I
350 :
360 REM MULTIPLIZIEREN DER RESTE
370 Z=1
380 FOR I=1 TO K
390 IF A(I)=0 THEN 420
400 Z=Z*R(I)
410 Z=Z-INT(Z/M)*M
420 NEXT I
430 :
440 PRINT:PRINT"REST=";Z
450 END
READY.
```

MODULOREST EINER POTENZ


```
BASIS? 727
EXPONENT? 5891
MODULOZAHL? 11023

REST= 462
```

3 Rekursion

Wie beim ggT ausgeführt wurde, kann ein Objekt oder eine Funktion sich selbst enthalten oder auf sich selbst zurückgreifen. Diese Eigenschaft nennt man rekursiv (nach [6]).

Beispiele sind

a) natürliche Zahlen:

   1 ist eine natürliche Zahl. Der Nachfolger einer natürlichen Zahl ist wieder eine natürliche Zahl

b) Fakultätsfunktion n!

   $0! = 1$. Für $n > 0$ gilt : $n! = n(n-1)!$

c) Binomialkoeffizienten $\binom{n}{m}$

$$\binom{n}{0} = 1. \quad \text{Für } m > 0 \text{ gilt:} \quad \binom{n}{m} = \binom{n-1}{m} + \binom{n-1}{m-1}$$

Alle diese rekursiv definierten Verfahren können in einer geeigneten Programmiersprache auch ebenso programmiert werden. Ein Korrektheitsnachweis läßt sich dann mit Hilfe der vollständigen Induktion führen. Eine große Rolle spielt die Rekursivität auch in der Theorie der Berechenbarkeit. Es zeigt sich, daß Rekursivität und Turing-Berechenbarkeit gleichbedeutend sind. Entsprechend lassen sich Addition und Multiplikation natürlicher Zahlen rekursiv formulieren:

$$add(a, b) = \begin{cases} add(a, b-1) + 1 & \text{für } b \geqslant 1 \\ a & \text{für } b = 0 \end{cases}$$

$$mult(a, b) = \begin{cases} mult(a, b-1) + a & \text{für } b \geqslant 2 \\ a & \text{für } b = 1 \end{cases}$$

3.1 Ackermann-Funktion

Als Verallgemeinerung der Grundrechenarten definierte *Ackermann* 1928 seine bekannte Funktion

$$ackermann(a, b) = \begin{cases} b + 1 & \text{für } a = 0 \\ ackermann(a-1, 1) & \text{für } b = 0 \\ ackermann(a-1, ackermann(a, b-1)) & \text{für } a, b > 0 \end{cases}$$

Wegen

$$ackermann(1, b) = b + 2$$
$$ackermann(2, b) = 2b + 3$$
$$ackermann(3, b) = 2^{b+3} - 3$$

kann die Funktion tatsächlich als Verallgemeinerung der Grundrechenarten aufgefaßt werden. Die angegebenen Rekursionsformel kann in Pascal direkt programmiert werden (vgl. folgendes Programm).

```
100 program ackermann(input,output);
110 var    n,m:integer;
120 function ackermann(x,y:integer):integer;
130 begin
140 if x=0 then ackermann:=y+1
150         else
160             if y=0 then ackermann:=ackermann(x-1,1)
170                    else ackermann:=ackermann(x-1,ackermann(x,y-1))
180 end;
190 (*                                          *)
200 begin
210 writeln('Gib 2 nat.Zahlen ein');
220 read(n,m);
230 writeln('Ackermann(',n:2,',',m:2,')=',ackermann(n,m):5)
240 end.

    ACKERMANN(3,4)= 125
```

Die Ackermannfunktion hat keine praktische Bedeutung, sie wird jedoch gern benutzt um die Schnelligkeit von Compilern zu testen. Die Vielzahl der Funktionsaufrufe kann dem folgenden Baumdiagramm entnommen werden:

Von den zahlreichen Verzweigungen sind nur die von A(1,3) und A(2,5) ausgeführt.

Da die Anzahl der Funktionsaufrufe stärker als exponentiell wächst, ist die Speichergrenze der heutigen Computer bald erreicht. Würde man in der Sekunde 4 Ziffern der Zahl $Ack(4,4)$ hinschreiben, so würde man dazu

$$10^{10^{19797}} \text{ Sekunden}$$

benötigen; dagegen beträgt das Erdalter nur 10^{17} Sekunden (nach [2]).

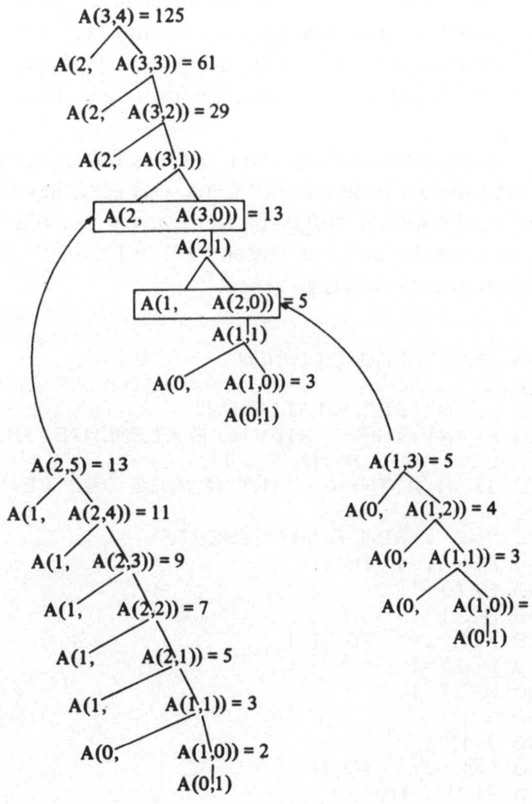

A(3,4) = 125
A(2, A(3,3)) = 61
A(2, A(3,2)) = 29
A(2, A(3,1))
A(2, A(3,0)) = 13
A(2,1)
A(1, A(2,0)) = 5
A(1,1)
A(0, A(1,0)) = 3
A(0,1)

A(2,5) = 13
A(1, A(2,4)) = 11
A(1, A(2,3)) = 9
A(1, A(2,2)) = 7
A(1, A(2,1)) = 5
A(1, A(1,1)) = 3
A(0, A(1,0)) = 2
A(0,1)

A(1,3) = 5
A(0, A(1,2)) = 4
A(0, A(1,1)) = 3
A(0, A(1,0)) = 3
A(0,1)

3.2 Permutationen

Manche Programmiersprachen wie BASIC oder FORTRAN erlauben keine rekursiven Funktionen bzw. Prozeduren. Trotzdem gelingt es bei trickreicher Programmierung, rekursiv arbeitende Verfahren niederzuschreiben. Ein solches Beispiel zur Erzeugung von Permutationen soll im folgenden gegeben werden.

Vergleicht man die Permutationen dreier Zahlen

123
132
213
231
312
321

so sieht man, daß jeweils eine Stelle festgehalten wird, die beiden anderen werden systematisch vertauscht. Entsprechend müssen bei der Permutationen von n Zahlen n-2 Stellen festgehalten und die übrigen zwei vertauscht werden. Diese Organisation der Stellen wird im folgenden BASIC-Programm durch das Feld P(I) gesteuert.

Ist die aktuelle Stelle $P(I) < n$, so kann die Stelle weitergezählt und entsprechend vertauscht werden (Programmzeilen 310–320).

Gilt $P(I) = n$, so kann die aktuelle Stelle nicht mehr erhöht werden. Die Vertauschung wird nun rückgängig gemacht und P(I) so lange vermindert, bis $P(I) = I$ erreicht ist (Programmzeilen 340–350). Bei jedem Einbeziehen einer bisher festgehaltenen Stelle wird der Zähler I um eins vermindert (Zeile 370). Das Verfahren terminiert, wenn $I = 0$ geworden ist.

Man sieht am Programm, daß das rekursive Programmieren in BASIC zu einem unübersichtlichen Programmstil führt. Das eben beschriebene Vorgehen kann auch als *Backtracking-Verfahren* aufgefaßt werden, da sich das Verfahren nach Erreichen des Punkts $P(I) = n$ wieder auf den Zustand $P(I) = I$ zurückzieht, um nach Einbeziehen einer neuen Stelle wieder vorwärts zu gehen.

```
100 REM PERMUTATIONEN
110 :
120 PRINT"PERMUTATIONEN"
130 PRINT:INPUT"WIEVIELE ELEMENTE";N
140 DIM A(N),P(N)
150 IF N<2 THEN PRINT"N MUSS >=2 SEIN":GOTO 130
160 :
170 K=0 : REM ANFANGSWERTE
180 FOR I=1 TO N
190 A(I)=I
200 NEXT I
210 FOR I=1 TO N-1
220 P(I)=I
230 NEXT I
240 :
250 I=N-1
260 FOR J=1 TO N
270 PRINT A(J);
280 NEXT J:PRINT
```

```
290 K=K+1
300 IF P(I)=N THEN 340
310 P(I)=P(I)+1
320 H=A(I):A(I)=A(P(I)):A(P(I))=H
330 GOTO 250
340 H=A(I):A(I)=A(P(I)):A(P(I))=H
350 P(I)=P(I)-1
360 IF P(I)>I THEN 340
370 I=I-1:IF I>0 THEN 300
380 :
390 PRINT:PRINT K;"PERMUTATIONEN"
400 END
READY.
```

```
PERMUTATIONEN
 1   2   3   4
 1   2   4   3
 1   3   2   4
 1   3   4   2
 1   4   2   3
 1   4   3   2
 2   1   3   4
 2   1   4   3
 2   3   1   4
 2   3   4   1
 2   4   1   3
 2   4   3   1
 3   1   2   4
 3   1   4   2
 3   2   1   4
 3   2   4   1
 3   4   1   2
 3   4   2   1
 4   1   2   3
 4   1   3   2
 4   2   1   3
 4   2   3   1
 4   3   1   2
 4   3   2   1

 24 PERMUTATIONEN
```

3.3 Partitionen

Ein klassiches Abzählproblem, das auch bei Frankatur- und Geldwechselproblemen
Anwendung findet, ist die Bestimmung der Anzahl, mit denen eine natürliche Zahl im
Summanden zerlegt werden kann. Dabei wird von der Reihenfolge abgesehen; d.h. zwei
Zerlegungen (Partitionen) gelten als gleich, wenn sie durch Vertauschung der Reihenfolge
ineinander übergehen.

Die Zahl 6 hat folgende 11 Partitionen:

$$6 = 6$$
$$= 5 + 1$$
$$= 4 + 2$$
$$= 4 + 1 + 1$$
$$= 3 + 3$$
$$= 3 + 2 + 1$$
$$= 3 + 1 + 1 + 1$$
$$= 2 + 2 + 2$$
$$= 2 + 2 + 1 + 1$$
$$= 2 + 1 + 1 + 1 + 1$$
$$= 1 + 1 + 1 + 1 + 1 + 1$$

Während in der Kombinatorik die Anzahl der Partitionen meist mit Hilfe von erzeugenden Funktionen bestimmt wird, soll dies hier durch rekursive Beziehungen geschehen. Dies gelingt durch eine Erweiterung der Fragestellung: Auf wieviele Arten kann die natürliche Zahl m in Summanden $\leqslant$ n zerlegt werden?

Für diese Funktion *partition*(m, n) lassen sich nun folgende Eigenschaften finden:

(1)   *partition*(m, 1) = 1. Dies folgt, da jede Zahl genau auf eine Art als Summe von Einsen geschrieben werden kann

(2)   *partition*(1, n) = 1, da die Zahl 1 genau eine Zerlegung 1 = 1 erlaubt

(3)   *partition*(m, n) = *partition*(m, m) für m $<$ n. Dies ergibt sich daraus, daß keine Zerlegung für m einen Summanden $>$ m enthalten kann

(4)   *partition*(m, m) = 1 + *partition*(m, m − 1). Dies folgt, da m genau eine Zerlegung m = m hat, alle anderen Partitionen enthalten nur Summanden $\leqslant$ m − 1.

(5)   *partition*(m, n) = *partition*(m, n − 1) + *partition*(m − n, n) für m $>$ n. Dies gilt, da jede Zerlegung von m mit dem größten Summanden $\leqslant$ n sich in zwei Gruppen teilen läßt:

Enthält sie den Summanden n nicht, so ist die Zahl der Zerlegungen *partition*(m, n − 1). Andernfalls enthält sie den Summanden n und die verbleibenden Zerlegungen liefern die Partition der Zahl m − n.

Die Beziehungen (3) bis (5) können als rekursive Funktion direkt in Pascal programmiert werden, (1) und (2) dienen dabei als Rekursionsanfang.

Um mehrfach verschachtelte IF-Anweisungen zu vermeiden, werden die Fallunterscheidungen mit Hilfe des Signumsfunktion SGN durchgeführt. Es gilt

$$sgn(m - n) = \begin{cases} -1 & \text{für } m < n \\ 0 & \text{für } m = n \\ 1 & \text{für } m > n \end{cases}$$

Damit läßt sich die Partitionsfunktion wie folgt formulieren:

function partition(m, n : integer) : integer;
begin
    if (m = 1) or (n = 1) then *partition* := 1
                    else
                          case *sgn* (m − n) of
                    − 1 : *partition* := *partition*(m, m);
                      0 : *partition* := *partition*(m, m − 1) + 1;
                      1 : *partition* := *partition*(m, n − 1)
                                + *partition*(m − n, n)
                end
end;

Da die Zerlegungen der Zahl m höchstens den Summanden m haben, ist die Zahl der Partitionen von m gleich *partition*(m, m). Damit ist das gestellte Problem gelöst.

Als Programmbeispiel werden die Partionen von 20 berechnet; es ergibt sich die Anzahl 627.

```
100 program partition(input,output);
110 (*  Anzahl der Moeglichkeiten eine natuerl.Zahl in Summanden
120  zu zerlegen (ohne Beruecksichtigung der Reihenfolge) *)
130 type    natuerlich=1..maxint;
140 var     zahl:natuerlich;
150 (*                                              *)
160 function sgn(x:integer):integer;
170 begin
180      if x<>0 then sgn:=x div abs(x)
190            else sgn:=0
200 end;(* of sgn *)
210 (*                                              *)
220 function partition(m,n:integer):integer;
230 begin
240      if (m=1)or(n=1) then partition:=1
250      else
260      case sgn(m-n) of
270     -1 : partition:=partition(m,m);
280      0 : partition:=partition(m,m-1)+1;
290      1 : partition:=partition(m,n-1)+partition(m-n,n) end
300 end;(* of partition *)
310 (*                                              *)
320 begin
330      writeln('Gib natuerliche Zahl ein!');
340      read(zahl);
350      writeln(zahl:3,' hat',partition(zahl,zahl):6,' Partitionen')
360 end.
```

```
20 HAT 627 PARTITIONEN
```

4 Iteration

Wie am Beispiel der Ackermannfunktion gezeigt wurde, gibt es Funktionen, deren rekursive Abarbeitung eine exponentiell oder noch stärker anwachsende Anzahl von Funktionsaufrufen nach sich zieht. In solchen Fällen wird man ein iteratives Vorgehen der Rekursion vorziehen.

Es läßt sich zeigen, daß alle rekursiven Prozeduren prinzipiell mit Hilfe von 3 Keller-speichern (engl. *stacks*) abgearbeitet werden können [5]. Anschaulich wird dies im Spiel „Türme von Hanoi" gezeigt. Die Schwierigkeit jedoch ist, daß eine iterative Formulierung keineswegs immer auf der Hand liegt (vergleiche dazu die Ausführungen in [2]).

4.1 Ackermann-Funktion

Eine Demonstration, wie eine rekursive Funktion iterativ berechnet werden kann, soll im folgenden BASIC-Programm gegeben werden. Ein weiteres Beispiel zur iterativen Behandlung des rekursiven Quicksort wurde im Band 2 der Reihe „Vieweg Programm-bibliothek Mikrocomputer" gegeben.

Schreibt man die Argumente der Ackermannfunktion, die zur Berechnung von $A(3,3)$ benötigt werden, in Form einer Liste hin und unterstreicht die aktuellen Argumente, so erhält man

$$\underline{3,3}$$
$$2,\underline{3,2}$$
$$2,2,\underline{3,1}$$
$$2,2,2,\underline{3,0}$$
$$2,2,2,\underline{2,1}$$
$$2,2,2,1,\underline{2,0}$$
$$2,2,2,1,\underline{1,1}$$
$$2,2,2,1,0,\underline{1,0}$$
$$\vdots$$

Zur iterativen Abarbeitung muß über diese Zahlenliste Buch geführt werden; dies geschieht am einfachsten mit Hilfe eines Feldes X(I). Je nachdem, ob sich die Zahl der Argumente vergrößert oder verkleinert, wird der Index des Feldes X vergrößert bzw. verkleinert. Die Iteration endet, wenn das letzte Argument abgearbeitet worden ist; d.h. wenn I = 0 ist.

Der Programmausdruck zeigt, daß ACKERMANN(3,3) = 61 ist. Zur Berechnung waren 2432 Iterationen notwendig.

```
100 REM ACKERMANN-FUNKTION ITERATIV
110 :
120 INPUT"ARGUMENTE N,M";N,M
130 DIM X(1000)
140 X(0)=N:X(1)=M
```

```
150 :
160 I=1:J=0
170 J=J+1 : REM ITERATIONSZAEHLER
180 IF I=0 THEN 320
190 IF X(I-1)<>0 THEN 230
200 X(I-1)=X(I)+1
210 I=I-1:GOTO 170
220 :
230 IF X(I)<>0 THEN 270
240 X(I-1)=X(I-1)-1
250 X(I)=1:GOTO 170
260 :
270 X(I+1)=X(I)-1
280 X(I)=X(I-1)
290 X(I-1)=X(I-1)-1
300 I=I+1:GOTO 170
310 :
320 PRINT:PRINT"ACKERMANN(";N;",";M;")=";X(0)
330 PRINT:PRINT J-1;"ITERATIONEN"
340 END
READY.

ACKERMANN-FUNKTION

ACKERMANN(3,3)= 61

2432 ITERATIONEN
```

4.2 Binomialkoeffizienten

Auch die in der Statistik viel gebrauchten Binomialkoeffizienten lassen sich iterativ berechnen. Wegen

$$\binom{n}{m} = \frac{n!}{m!\,(n-m)!} = \frac{(n-m+1)\,(n-m+2)\ldots(n+1)\,n}{m!}$$

$$= \frac{n-m+1}{m}\cdot\frac{n-m+2}{m-1}\cdot\ldots\cdot\frac{n+1}{2}\cdot\frac{n}{1}$$

ergeben sich die Binomialkoeffizienten aus folgendem Struktogramm:

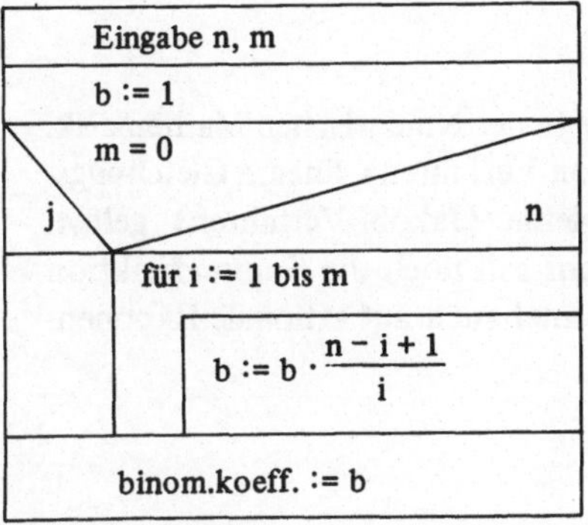

Die Binomialkoeffizienten stellen die Koeffizienten der binomischen Formel

$$(a + b)^n = \sum_{k=0}^{n} \binom{n}{k} a^{n-k} b^k$$

dar, z.B. gilt

$$(a + b)^5 = \binom{5}{0} a^5 + \binom{5}{1} a^4 b + \binom{5}{2} a^3 b^2 + \binom{5}{3} a^2 b^3 + \binom{5}{4} ab^4 + \binom{5}{5} b^5$$

$$= a^5 + 5a^4 b + 10a^3 b^2 + 10a^2 b^3 + 5ab^4 + b^5$$

Die Symmetrie der Binomialkoeffizienten $\binom{n}{m} = \binom{n}{n-m}$ läßt sich aus dem Pascalschen Dreieck ablesen

$$
\begin{array}{ccccccccccccc}
 & & & & & & 1 & & & & & & \\
 & & & & & 1 & & 1 & & & & & \\
 & & & & 1 & & 2 & & 1 & & & & \\
 & & & 1 & & 3 & & 3 & & 1 & & & \\
 & & 1 & & 4 & & 6 & & 4 & & 1 & & \\
 & 1 & & 5 & & 10 & & 10 & & 5 & & 1 & \\
1 & & 6 & & 15 & & 20 & & 15 & & 6 & & 1 \\
\end{array}
$$

$$1 \quad 7 \quad 21 \quad 35 \quad 35 \quad 21 \quad 7 \quad 1$$

Die Koeffizienten der binomischen Formel $(a + b)^n$ stehen in der $(n + 1)$-ten Zeile des Pascalschen Dreiecks.

Es läßt sich auch die schon erwähnte Rekursionsformel

$$\binom{n}{m} = \binom{n-1}{m} + \binom{n-1}{m-1}$$

ablesen, da jede Zahl des Pascal-Dreicks die Summe der beiden jeweils darüberstehenden Zahlen ist.

Die Binomialkoeffizienten geben die Anzahl der Kombinationen an, d.h. es gibt $\binom{n}{m}$ Möglichkeiten m Dinge aus n auszuwählen. Es gibt also $\binom{49}{6}$ verschiedene Lottotips (ohne Zusatzzahl); die Wahrscheinlichkeit für 6 Richtige ist somit

$$\frac{\binom{6}{6} \binom{43}{0}}{\binom{49}{6}} = \frac{1}{13983816} = 0{,}715 \cdot 10^{-7}$$

Große Bedeutung haben iterative Verfahren insbesondere in der Numerischen Mathematik. Mit ihrer Hilfe werden nichtlineare Gleichungen (Newton-Verfahren), lineare Gleichungssysteme (Gauß-Seidel-Verfahren) und Eigenwertprobleme (Jakobi-Verfahren) gelöst.

Als weitere Anwendung eines iterativen Verfahrens soll noch die Gammafunktion berechnet werden, mit deren Hilfe die binomischen Formel auch auf rationale Exponenten erweitert werden kann.

```
100 REM BINOMIALKOEFFIZIENTEN ITERATIV
110 :
120 PRINT"BERECHNUNG DES BINOMIALKOEFF.M AUS N"
130 PRINT:INPUT"GIB M,N EIN";M,N
140 GOSUB 200
150 PRINT:PRINT"BINOMIALKOEFF";M;"AUS";N;"=";B
160 PRINT:INPUT"WEITERE RECHNUNG (J/N)";A$
170 IF A$="J" THEN 130
180 END
190 :
200 REM UNTERPROGRAMM ZUR ITERATIVEN BERECHNUNG
210 REM VON BINOMIALKOEFFIZIENTEN
220 B=1
230 IF M=0 THEN 270
240 FOR I=1 TO M
250 B=B*(N-I+1)/I
260 NEXT I
270 RETURN
READY.
```

```
BINOMIALKOEFFIZIENTEN

BINOMIALKOEFF 11 AUS 20 = 167960
BINOMIALKOEFF 6 AUS 49 = 13983816
```

4.3 Gammafunktion

Die Gammafunktion $\Gamma(x)$ kann wegen

$$\Gamma(n) = (n - 1)! \qquad n \in \mathbb{N}$$

als Verallgemeinerung der Fakultätsfunktion n! aufgefaßt werden. Sie erfüllt daher die Rekursionsformel

$$\Gamma(x + 1) = x\,\Gamma(x) \tag{1}$$

Weitere Rekursionsbeziehungen sind:

$$\Gamma(x)\,\Gamma(1 - x) = \frac{\pi}{\sin \pi x}$$

$$\Gamma(x)\,\Gamma\left(x + \frac{1}{2}\right) = \frac{\sqrt{\pi}}{2^{2x - 1}}\,\Gamma(2x)$$

Die Gammafunktion hat zahlreiche Anwendungen in der Analysis; unter anderem liefert sie den Integralwert

$$\Gamma(x) = \int_{0}^{\infty} e^{-t}\, t^{x-1}\, dt \quad (x > 0)$$

oder den Grenzwert

$$\Gamma(x) = \lim_{n \to \infty} \frac{n! \, n^{x-1}}{x(x+1)(x+2) \ldots (x+n-1)}$$

An diesem Grenzwert sieht man, daß die Gammafunktion nicht für ganzzahlige negative Zahlen definiert ist.

Nach [7] kann $\Gamma(x)$ durch folgende Polynomapproximation für $0 \leqslant x \leqslant 1$ berechnet werden:

$$\Gamma(x+1) = \sum_{i=0}^{8} a_i x^i + R(x) \tag{2}$$

mit

$$a_0 = 1$$
$$a_1 = -0.57719\,1652$$
$$a_2 = 0.98820\,5892$$
$$a_3 = -0.89705\,6937$$
$$a_4 = 0.91820\,6857$$
$$a_5 = -0.75670\,4078$$
$$a_6 = 0.48219\,9394$$
$$a_7 = -0.19352\,7818$$
$$a_8 = 0.03586\,8343$$
$$|R(x)| \leqslant 3 \cdot 10^{-7} \tag{3}$$

Zur Anwendung dieser Approximation müssen die Funktionswerte auf das Intervall [1,2] transformiert werden.

Dies kann mit Hilfe der Rekursionsformel (1) geschehen. Im folgenden BASIC-Programm wird dies einfachhalber iterativ durchgeführt

```
230 IF X>2 THEN X=X−1 : C=C∗X : GOTO 230
250 IF X<1 THEN X=X+1 : C=C/X : GOTO 250
```

Mit dem so ermittelten Faktor C muß der aus (2) berechnete Funktionswert multipliziert werden. Die Polynomapproximation wird im Programm mit Hilfe des Hornerschemas berechnet, die Koeffizienten werden über DATA-Werte eingelesen.

Das Verfahren kann dem Struktogramm entnommen werden.

Für $x = 0.5$ liefert das Programm den Wert

$$\Gamma(0.5) = 1.77245399$$

Vergleicht man dies mit dem exakten Wert

$$\sqrt{\pi} = 1.77245\,38509 \ldots$$

so zeigt sich, daß die Fehlerschranke (3) eingehalten wurde. Als zweites Programmbeispiel wurde $\Gamma(4) = 6.00000001$ gewählt. Hier ist der exakte Wert $3! = 6$.

```
100 REM GAMMA-FUNKTION
110 :
120 DIM A(8)
130 FOR I=8 TO 0 STEP -1
140 READ A(I)
150 NEXT I
160 C=1
170 :
180 INPUT"X-WERT";X
190 IF X<0 AND INT(X)=X THEN PRINT"NICHT DEFINIERT":END
200 X1=X
210 :
220 REM TRANSFORMATION AUF [1,2]
230 IF X>2 THEN X=X-1:C=C*X:GOTO 230
240 :
250 IF X<1 THEN C=C/X:X=X+1:GOTO 250
260 :
270 REM HORNERSCHEMA
280 X=X-1
290 G=A(8)
300 FOR I=7 TO 0 STEP -1
310 G=G*X+A(I)
320 NEXT I
330 G=C*G
340 PRINT"GAMMA(";X1;")=";G
350 END
360 :
370 DATA .035868343
380 DATA -.193527818
390 DATA .482199394
400 DATA -.756704078
410 DATA .918206857
420 DATA -.897056937
430 DATA .988205891
440 DATA -.577191652
450 DATA 1
READY.
```

```
GAMMAFUNKTION


X-WERT? .5
GAMMA( .5 )= 1.77245399



X-WERT? 4
GAMMA( 4 )= 6.00000001
```

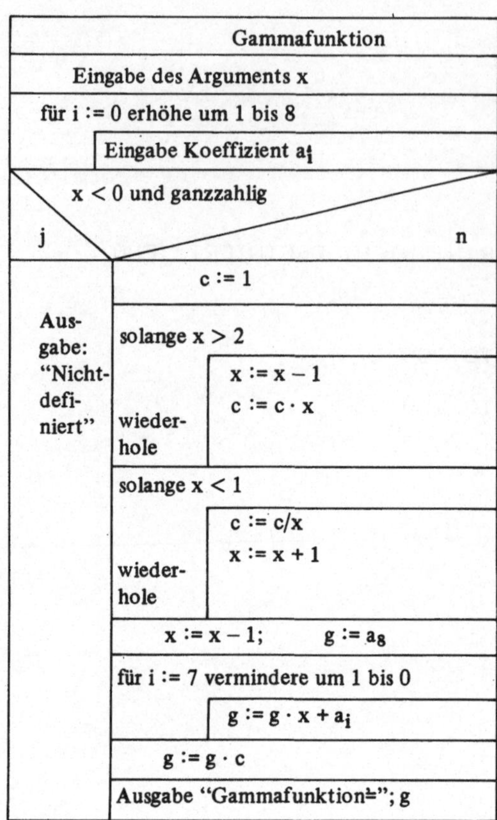

vgl. DATA-
werte

5 Backtracking-Verfahren

Verfahren zur Lösung eines Problems, bei denen Schritte, die in eine ,,Sackgasse'' führen, rückgängig gemacht werden und ein neuer Versuch gestartet wird, heißen *Backtracking-Verfahren* (deusch etwa Rückverfolgen). Sie ermöglichen z.B. Ausgänge in Labyrinthen zu finden und sind daher die wichtigsten Werkzeuge der *Artificial Intelligence* (künstliche Intelligenz*).

Nach [6] haben Backtracking-Algorithmen folgenden Aufbau:

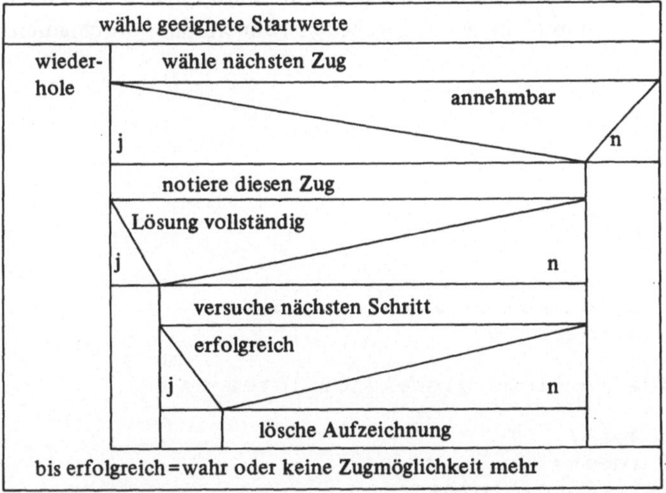

5.1 Springerzug

Mit Hilfe des Backtracking-Schemas läßt sich das bekannte Acht-Damen-Problem lösen, das man auch im Band 2 der Reihe ,,Vieweg Programmbibliothek Mikrocomputer'' findet.

Ähnliche Anwendung findet es auch beim sogenannten Springerzug-Problem. Dabei ist die Bahn eines Springers zu finden, der jedes Feld eines Schachbretts berührt und dabei nach den Regeln des Schachspiels springt. Diese Aufgabe findet sich auch in Rätselecken von Tageszeitungen, bei denen Aussprüche von berühmten Dichtern in Form von Rösselsprüngen zu erraten sind.

Beim Springerzug sind höchstens 8 Felder zu erreichen, die x- und y-Koordinaten können sich dabei um $-2, -1, 1, -2$ ändern.

---

*) Nach *Marvin Minsky* (MIT) ist *Artificial Intelligence* die Wissenschaft, Maschinen Dinge tun zu lassen, die Intelligenz erfordern, wenn Menschen sie tun müßten.

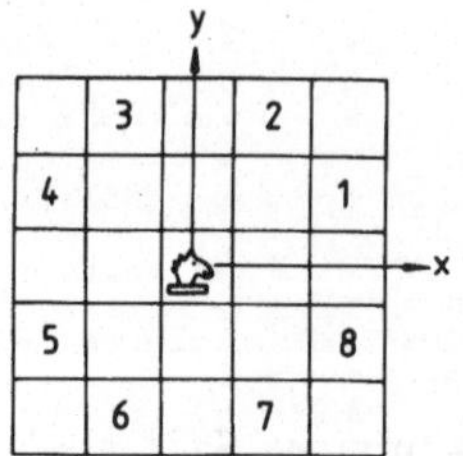

Addiert man diese Koordinatenänderungen zur aktuellen Position des Springers, so kann man die Koordinaten aller 8 möglichen Sprungziele ermitteln. Über die Indexmenge {1, 2, ..., 8} kann man kontrollieren, ob das Brett verlassen wird.

Das folgende Pascal-Programm realisiert den Springerzug nach dem angegebenen Backtracking-Verfahren. Es ist allerdings für ein 5 × 5-Schachbrett geschrieben, da im Abschnitt 7 ein effektiveres heuristisches Verfahren entwickelt wird. Startet man in der linken oberen Ecke, so wird das Schachbrett in der angegebenen Numerierung durchlaufen:

1	6	15	10	21
14	9	20	5	16
19	2	7	22	11
8	13	24	17	4
25	18	3	12	23

```
100 program springerzug(output);(*Backtracking*)
110 const   n=5;(* Feldgroesse *)
120 type    index=1..n;
130         spielfeld=array[index,index] of integer;
140 var     i,j:index;
150         erfolg:boolean;
160         s: set of index;
170         a,b:array[1..8] of integer;
180         feld:spielfeld;
190 (*                                            *)
200 procedure versuche(i:integer;x,y:index;var f:boolean);
210 var     k,u,v:integer;fertig:boolean;
220 begin
230 k:=0;
240 repeat
250         k:=k+1;fertig:=false;
260         u:=x+a[k];v:=y+b[k];(*berechnet die Position *)
270         if (u in s) and (v in s) then
280         if feld[u,v]=0 then
290                 begin
300                 feld[u,v]:=i;
310                 if i<sqr(n) then
320                         begin
330                         versuche(i+1,u,v,fertig);
340                         if not fertig then feld[u,v]:=0
350                         end
360                     else fertig:=true
370                 end
```

```
380 until fertig or (k=8);
390 f:=fertig
400 end;
410 (*                                        *)
420 begin (*Hauptprogramm *)
430 s:=[1..n];(* zulaessige Indizes *)
440 a[1]:=2;b[1]:=1;(*Koordinatenaenderungen beim Springerzug*)
450 a[2]:=1;b[2]:=2;
460 a[3]:=-1;b[3]:=2;
470 a[4]:=-2;b[4]:=1;
480 for i:=5 to 8 do
490         begin
500         a[i]:=a[9-i];b[i]:=-b[9-i]
510         end;
520 for i:=1 to n do
530         for j:=1 to n do
540         feld[i,j]:=0;
550 feld[1,1]:=1;(*Startpunkt*)
560 versuche(2,1,1,erfolg);
570 if erfolg then
580              for i:=1 to n do
590              begin
600                  for j:=1 to  n do
610                  write(feld[i,j]:4);
620                  writeln
630               end
640            else writeln('Keine Loesung gefunden')
650 end.
```

```
         SPRINGERZUG
  1    6   15   10   21
 14    9   20    5   16
 19    2    7   22   11
  8   13   24   17    4
 25   18    3   12   23
```

5.2 0/1-Rucksackproblem

Ein wichtiges Problem aus dem *Operations Research* ist das Rucksack-Problem. Es besteht darin zu entscheiden, welche Gegenstände von vorgegebenem Wert bei beschränkter Mitnahmefähigkeit so auszuwählen sind, daß ihr Gesamtwert optimal ist. Können diese Gegenstände nicht geteilt werden, spricht man vom 0/1-Rucksackproblem.

Die Gegenstände können im folgenden Pascal-Programm als Verbunde mit den Komponenten *wert* und *gewicht* definiert werden:

```
objekt  = record
             wert, gewicht: integer
          end;
```

Zwei Mengen *s* und *opt* speichern die Indizes der bisher gewählten Objekte bzw. der besten bisher gefundenen Auswahl (Wert *max*). Ein Objekt wird nun in den Rucksack zugefügt, wenn das resultierende Gewicht *tot* + a[i] . *gew* kleiner als das zulässige Höchstgewicht.

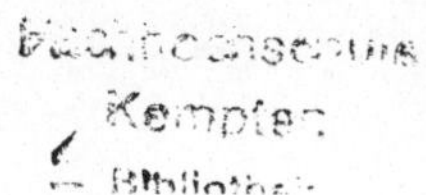

Sodann wird geprüft, ob die erreichte Auswahl optimal ist, d.h. ob durch die Aufnahme eines anderen Gegenstands der Wert vergrößert werden könnte. Schließlich wird ermittelt, ob durch Ausschluß eines Gegenstands der Wert der Rucksackfüllung verbessert werden könnte. Die dabei benützte Prozedur *versuche* folgt dem anfangs gegebenen Backtracking-Schema.

Die Indexwerte der zur optimalen Auswahl gehörenden Objekte erhält man durch das Ausdrucken der Menge *opt*.

Für das im Programm behandelte Beispiel sind folgende Daten gegeben (aus [6]):

Objekt	1	2	3	4	5	6	7	8	9	10
Wert	18	20	17	19	25	21	27	23	25	24
Gewicht	10	11	12	13	14	15	16	17	18	19

Höchstgewicht des Rucksacks: 100

Das Programm liefert die Indizes

1, 2, 3, 4, 7, 8, 9.

Die optimale Auswahl hat somit den Wert 157 und das Gewicht 99.

Ein Algorithmus, der wie das 0/1-Rucksachverfahren die Anzahl der zu durchsuchenden Objekte in geeigneter Weise einschränkt, wird Branch-and-Bound-Verfahren genannt. Diese Verfahren haben große Bedeutung in der Operations Research.

```
100 program nulleinsrucksack(input,output);
110 const    n=10;
120 type     index=1..n;
130          objekt=record wert,gew:integer end;
140 var      i:index;s,opt:set of index;
150          hoechst,max,total:integer;
160          a:array[index] of objekt;
170 procedure versuche(i:index;tot,av:integer);
180 var   aw:integer;
190 begin
200 if tot+a[i].gew<=hoechst then
210         begin
220         s:=s+[i]; (* packe in Rucksack *)
230         if i<n then versuche(i+1,tot+a[i].gew,av)
240              else if av>max then
250                           begin max:=av;opt:=s end;
260         s:=s-[i]  (* packe wieder aus *)
270         end;
280         aw:=av-a[i].wert;
290 if aw>max then
300         begin if i<n then versuche(i+1,tot,aw)
310                   else begin max:=aw;opt:=s end
320         end
330 end;
340 procedure einlesen;
350 var     i:index;
360 begin
370 a[1].wert:=18;a[2].wert:=20;
380 a[3].wert:=17;a[4].wert:=19;
```

```
390 a[5].wert:=25;a[6].wert:=21;
400 a[7].wert:=27;a[8].wert:=23;
410 a[9].wert:=25;a[10].wert:=24;
420 for i:=1 to n do with a[i] do gew:=i+9
430 end;
440 (*                                              *)
450 begin (* Hauptprogramm *)
460 total:=0;
470 einlesen;
480 for i:=1 to n do total:=total+a[i].gew;
490 writeln('Hoechstgewicht?');
500 read(hoechst);
510 max:=0;s:=[];opt:=[];
520 versuche(1,0,total);
530 for i:=1 to n do
540     if i in opt then write(i:3)
550 end.


    HOECHSTGEWICHT 100
1   2   4   5   7   8   9
```

5.3 Labyrinth

Wie schon erwähnt, kann mit Hilfe eines Backtracking-Verfahrens auch ein Weg durch ein Labyrinth gefunden werden. Dazu wird im folgenden ein Pascal-Programm gegeben.

Das Labyrinth wird als zweidimensionale Feld *lab*[i, k] von Zeichen definiert: Volle Quadrate stellen die Wände, Leerstellen die Gänge und Punkte die Wegmarkierung dar.

Ist das Feldelement *lab* [i, k] leer, so wird es durch Setzen eines Punkts

$$lab\,[i, k] := '.'$$

als Weg markiert. Sodann wird geprüft, ob der Rand und somit ein Ausgang gefunden wurde

$$if\ (i = n)\ then\ fertig := true$$

Falls das Labyrinth rechteckig vom Format m x n ist, ist abzufragen

$$if\ (i = m)\ or\ (k = n)\ then\ ...$$

Ist der Ausgang erreicht, so wird das markierte Labyrinth ausgedruckt. Um die Rekursion zu beenden, wird die Boolesche Variable *fertig* auf den Wert true gesetzt. Ist die Suche noch nicht beendet, so wird zunächst das benachbarte untere Feld auf die Möglichkeit geprüft, den Weg fortzusetzen. Dies geschieht durch erneuten Prozeduraufruf

suchen (i + 1, k).

Liefert dieses Feld keine Fortsetzungsmöglichkeit, so werden nacheinander das rechte, obere bzw. linke Nachbarfeld untersucht. Dies erfolgt durch erneuten Prozeduraufruf

suchen (i, k + 1)
suchen (i − 1, k)
suchen (i, k − 1)

Ermöglicht eines der Felder ein Weiterschreiten, so setzt sich das Verfahren in der angegebenen Weise fort. Andernfalls ist das Programm in eine Sackgasse geraten; es zieht sich dann von diesem Feld *lab* [i, k] zurück, indem es die Wegmarkierung rückgängig macht

$$lab\,[i, k] := '\,'$$

Damit erhält man folgende Prozedur

```
procedure suchen (i, k:integer);
begin
if not fertig then
    begin
    if lab [i, k] =' ' then begin
                        lab [i, k] := ' . ';
                        if (i = n) then  begin
                                         ausgabe;
                                         fertig :=true
                                         end
                        else  begin
                              suchen (i + 1, k);
                              suchen (i, k + 1);
                              suchen (i − 1, k);
                              suchen (i, k − 1)
                              end;
                        lab [i, k] :=' '
                        end

    end
end;
```

Zur Ein- und Ausgabe muß ebenfalls eine entsprechende Prozedur formuliert werden. Die Prozedur *suchen* muß im Hauptprogramm mit *fertig* := false und Eingabe des Eingangspunktes mittels suchen (1,2) gestartet werden (vgl. Skizze). Das angegebene Programm bricht erst ab, wenn ein Durchgang durch das Labyrinth gefunden wurde; existiert kein Durchgang oder läuft es im Kreis, so muß das Programm von Hand gestoppt werden. Eingabe des folgenden Labyrinths ins Programm liefert den angegebenen Weg.

```
100 program labyrinth(input,output);
110 const  n=25;
120 type   labyrinth=array[1..n,1..n] of char;
130 var    lab:labyrinth;
140        fertig:boolean;
150 (*                              *)
160 procedure eingabe;
170 var  i,k:integer;
180 begin
190 for i:=1 to n do
200    for k:=1 to n do read(lab[i,k])
210 end;
```

```
220 (*                                    *)
230 procedure ausgabe;
240 var  i,k:integer;
250 begin
260 for i:=1 to n do
270     begin
280           for k:=1 to n do
290                   write(lab[i,k]);
300             writeln
310     end;
320 writeln
330 end;(*of ausgabe*)
340 (*                                    *)
350 procedure suchen(i,k:integer);
360 begin
370 if not fertig then
380     begin
390      if lab[i,k]=' ' then
400                       begin
410                       lab[i,k]:='.';
420                       if (i=n) then
430                                    begin
440                                    ausgabe;
450                                    fertig:=true
460                                    end
470                                 else
480                                    begin
490                                    suchen(i+1,k);
500                                    suchen(i,k+1);
510                                    suchen(i-1,k);
520                                    suchen(i,k-1)
530                                    end;
540                       lab[i,k]:=' '
550                       end
560     end
570 end;(*of suchen*)
580 (*                                    *)
590 begin (*Hauptprogramm *)
600     eingabe;
610     ausgabe;
620     fertig:=false;
630     suchen(1,2) (*Startpunkt*)
640 end.
```

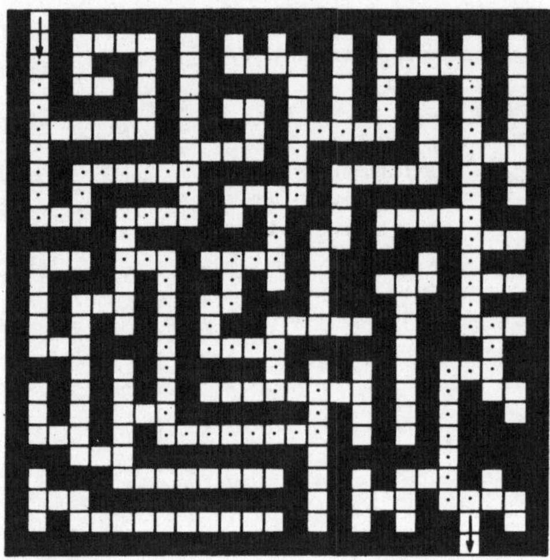

6 Teile- und -Herrsche-Prinzip

Die Strategie „Teile und Herrsche" (engl. *divide* and *conquer*) besteht darin, eine vorgegebene Funktion mit n Eingabewerten in k verschiedene Teilmenge aufzuspalten und somit das Problem in k Teilprobleme zu gliedern [4]. Sind die so entstehenden Teilprobleme vom selben Typ wie das Grundproblem, so kann man das Teile-und-Herrsche-Prinzip erneut anwenden. Dies führt in natürlicher Weise auf einen rekursiven Algorithmus.

6.1 Quicksort

Ein Standardbeispiel dieses Prinzips ist das Quicksort-Verfahren von *C. A. R. Hoare*. Der Grundgedanke des Quicksorts wurde bereits in Band 2 der Programmbibliothek beschrieben. Das zu sortierende Feld

$$a_l, a_{l+1}, a_{l+2}, ..., x, ..., a_{r-1}, a_r$$

wird auf Monotonie bezüglich des mittleren Elements x geprüft. Alle Elemente, die kleiner als x sind und rechts davon stehen, werden nach links getauscht, ebenso alle Elemente, die größer sind als x und links davon stehen. Falls sich kein Tauschpartner findet, wird x selbst vertauscht.

Das Feld wird nun durch x in zwei Teile geteilt, deren Elemente entweder nur größer oder kleiner als x sind. Auf diese Teilfelder kann das Verfahren nun erneut angewandt werden. Dies geschieht durch folgende Prozedur:

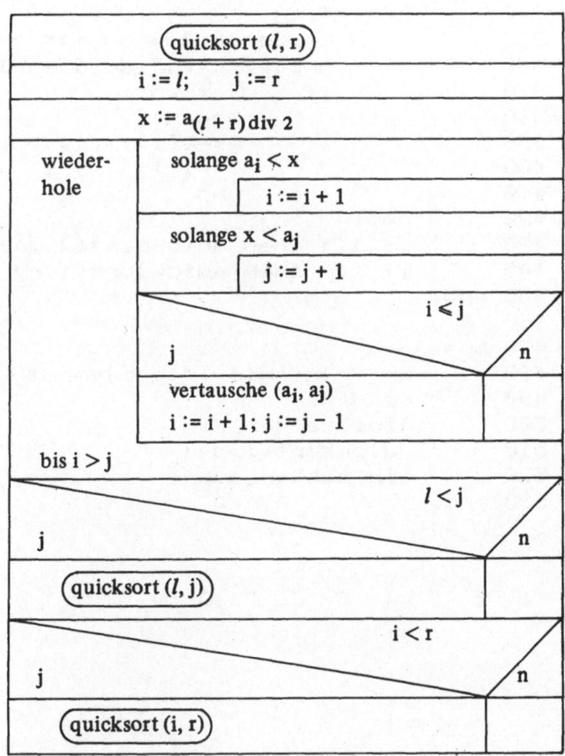

Formuliert man noch eine geeignete Ein- und Ausgabeprozedur so erhält man das folgende Pascal-Programm.

```
100 program quicksort(output);
110 type    liste=array[1..100] of integer;
120         index=1..100;
130 var     n:integer;a:liste;
140 (*                                            *)
150 procedure lies_zahlen_ein;
160 begin
170 a[1]:=9;a[2]:=5;a[3]:=0;a[4]:=8;
180 a[5]:=2;a[6]:=4;a[7]:=1;a[8]:=7;
190 a[9]:=3;a[10]:=6
200 end;
210 (*                                            *)
220 procedure gib_zahlen_aus;
230 var     i:index;
240 begin
250 for i:=1 to n do write(a[i]:3);
260 writeln
270 end;
280 (*                                            *)
290 procedure quicksort(l,r:index);
300 var      i,j:index;x,w:integer;
310 begin
320        i:=l;j:=r;
330        x:=a[(l+r) div 2];
340        repeat
350             while a[i]<x do i:=i+1;
360             while x<a[j] do j:=j-1;
370             if i<=j then
380                  begin
390                  w:=a[i];a[i]:=a[j];a[j]:=w;
400                  i:=i+1;j:=j-1
410                  end
420        until i>j;
430        if l<j then quicksort(l,j);
440        if i<r then quicksort(i,r)
450 end;
460 (*                                            *)
470 begin
480      writeln('Wieviele Elemente?');
490      read(n);
500      lies_zahlen_ein;
510      quicksort(1,n);
520      gib_zahlen_aus
530 end.
```

```
0  1  2  3  4  5  6  7  8  9
```

6.2 Sortieren durch binäres Einfügen

Ein weiteres Standardbeispiel des Teile-und-Herrsche-Prinzips ist das binäre Suchen in einer sortierten Liste. Es ist ebenfalls in Band 2 der Programmbibliothek beschrieben worden. Anstatt die Liste von vorn nach hinten sequentiell zu durchsuchen, wird durch Vergleich mit dem mittleren Element entschieden, ob sich das gesuchte Element in der vorderen oder hinteren Listenhälfte befindet. Die zu durchsuchende Liste wird auf die Hälfte reduziert und das Verfahren erneut angewandt. Auf diese Art wird entweder das gesuchte Element gefunden oder die Suche als ergebnislos abgebrochen.

Dem binären Suchen liegen viele Knobeleien zugrunde; z.B. erklärt es, warum man nur mit 10 Fragen eine Zahl $\leqslant 1000$ erraten kann.

Mit Hilfe der Binärsuche soll nun das Sortieren durch Einfügen verbessert werden (vgl. Band 2 der Programmbibliothek). Sind nämlich in k Sortierschritten die Elemente

$$a_1, a_2, ..., a_k$$

bereits geordnet, so kann jedes weitere Element gezielt mit Hilfe der Binärsuche an die richtige Stelle gesetzt werden. Dies leistet die folgende Prozedur

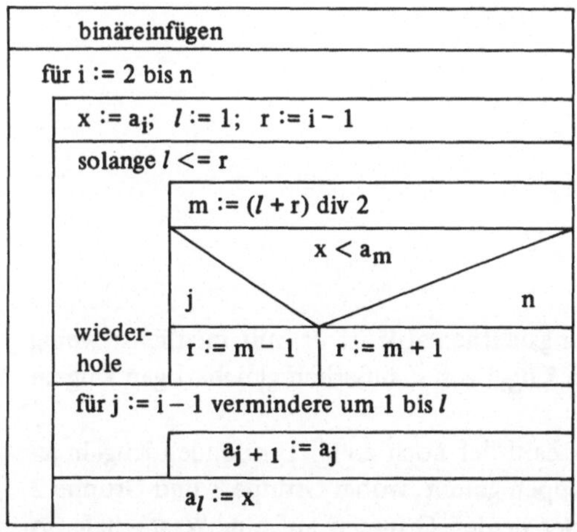

Zusammen mit einer Ein- und Ausgabe-Prozedur ergibt sich das folgende Pascal-Programm.

```
100 program binaereinfueg(output);
110 const    n=10;
120 var      a:array[1..n] of integer;
130 (*                                *)
140 procedure gib_zahlen_aus;
150 var      j:integer;
160 begin
170 for j:=1 to n do write(a[j]:3);writeln;
180 end;
190 (*                                *)
200 procedure binaereinfueg;
210 var  i,j,m,x,links,rechts:integer;
220 begin
230 for i:=2 to n do
```

```
240      begin
250              x:=a[i];links:=1;rechts:=i-1;
260              while links<=rechts do
270                     begin
280                       m:=(links+rechts) div 2;
290                       if x<a[m] then rechts:=m-1
300                                 else links:=m+1
310                     end;
320        for j:=i-1 downto links do
330                a[j+1]:=a[j];
340        a[links]:=x
350        end
360 end;
370 (*                                                *)
380 begin (* Hauptprogramm *)
390 a[1]:=4;a[2]:=3;a[3]:=9;
400 a[4]:=2;a[5]:=6;a[6]:=1;
410 a[7]:=8;a[8]:=0;a[9]:=5;
420 a[10]:=7;
430 gib_zahlen_aus;
440 binaereinfueg;
450 gib_zahlen_aus
460 end.


    4  3  9  2  6  1  8  0  5  7
    0  1  2  3  4  5  6  7  8  9
```

6.3 Wägeproblem

Ein bekanntes Problem der Unterhaltungsmathematik ist es, mit möglichst wenig Wägungen einer Balkenwaage eine zu schwere Kugel von n äußerlich gleichartigen Kugeln zu ermitteln.

Die optimale Lösung besteht darin, die Zahl der noch zu überprüfenden Kugeln jeweils zu dritteln: Die Kugeln werden in 3 Gruppen geteilt, wobei Gruppe 1 und Gruppe 2 gleichviele Kugeln enthalten. Legt man jede der beiden Gruppen auf eine Waagschale, so bleibt die Waage entweder im Gleichgewicht oder eine Schale senkt sich. Im ersten Fall befindet sich die gesuchte schwere Kugel in der dritten Gruppe, im anderen Fall auf der sich senkenden Waagschale. Zerlegt man diese Gruppe wieder in der angegebenen Weise, so läßt sich das Verfahren fortsetzen. Die Suche endet, wenn die zu prüfende Gruppe ein oder zwei Kugeln enthält. Verbleiben noch zwei Kugeln, so kann mit einer letzten Wägung entschieden werden, welche Kugel die gesuchte ist.

Im folgenden Pascalprogramm erhält die zu schwere Kugel das Gewicht 2, alle anderen das Gewicht 1. Die Kugeln werden durchnumeriert und durch die Indexwerte *untgrenze*, *obgrenz1* und *obgrenz2* in drei Gruppen geteilt. Durch Aufsummieren der Gewichte werden die beiden Gruppen „ausgewogen"

```
for i := untgrenze to obgrenz 1 do
   gewicht 1 := gewicht 1 + kugel [i];
for i := obgenz 1 + 1 to obgrenz 2 do
   gewicht 2 := gewicht 2 + kugel [i];
```

Je nachdem, wie der Gewichtsvergleich ausfällt, werden die Indexgrenzen der neu zu untersuchenden Gruppe festgelegt:

> if *gewicht* 1 = *gewicht* 2 then *untgrenze* := *obgrenz* 2 + 1
> else
> if *gewicht* 1 > *gewicht* 2 then *obgrenze* := *obgrenz* 1
> else begin
> *untgrenze* := *obgrenz* 1 + 1;
> *obgrenze* := *obgrenz* 2
> end

Die Anzahl der zu testenden Kugeln wird von der Variablen *länge* bestimmt

> *länge* := (*obgrenze-untgrenze* + 2) div 3

Der obere Indexwert der ersten Gruppe ist somit

> *obgrenz* 1 := *untgrenze* + *länge* − 1

der obere Indexwert der zweiten entsprechend

> *obgrenz* 2 := *obgrenz* 1 + *länge*

Schließt man die genannten Anweisungen in die Wiederholungsanweisung

> repeat ... until *obgrenze* = *untgrenze*

ein, so ist damit die Prozedur *auswiegen* des Pascal-Programms erklärt. Zusätzlich ist noch ein Zähler *wägezahl* eingefügt, der die Anzahl der Wägungen registriert.

Das Hauptprogramm übernimmt die Eingabe, versieht die Kugeln mit Gewichten und gibt nach Aufruf der Prozedur *auswiegen* das Ergebnis aus.

```
100 program waege_problem(input,output);
110 (* Von n gleichartigen Kugeln soll mit Hilfe von moeglichst
120 wenig Waegungen eine Kugel bestimmt werden,die schwerer ist  *)
130 var    anzahl,index,obgrenze,waegezahl,k:integer;
140        kugel:array[1..25] of integer;
150 (*                                      *)
160 procedure auswiegen;
170 var    i,untgrenze,laenge,obgrenz1,obgrenz2,
180        laenge,gewicht1,gewicht2:integer;
190 begin
200 waegezahl:=0;
210 untgrenze:=1;obgrenze:=anzahl;
220 repeat
230       laenge:=(obgrenze-untgrenze+2)div 3;
240       obgrenz1:=untgrenze+laenge-1;
250       obgrenz2:=obgrenz1+laenge;
260       gewicht1:=0;gewicht2:=0;
270       for i:=untgrenze to obgrenz1 do
280               gewicht1:=gewicht1+kugel[i];
290       for i:=obgrenz1+1 to obgrenz2 do
300               gewicht2:=gewicht2+kugel[i];
310       waegezahl:=waegezahl+1;
320       if gewicht1=gewicht2 then untgrenze:=obgrenz2+1
330                            else
```

```
340                    if gewicht1>gewicht2 then obgrenze:=obgrenz1
350                                            else
360                                                begin
370                                                    untgrenze:=obgrenz1+1;
380                                                    obgrenze:=obgrenz2
390                                                end
400 until obgrenze=untgrenze
410 end;
420 (*                                            *)
430 begin  (* Hauptprogramm *)
440 writeln('Wieviele Kugeln sollen es sein?');
450 read(anzahl);
460 for k:=1 to anzahl do kugel[k]:=1;
470 writeln('Welche Kugel soll die schwerere sein?');
480 read(index);
490 kugel[index]:=2;
500 auswiegen;
510 writeln;
520 writeln('Die gesuchte Kugel hat die Nummer:',obgrenze:3);
530 writeln('Es waren',waegezahl:3,' Waegungen notwendig')
540 end.
```

7 Heuristische Methoden

Heuristische Methoden beruhen auf einer bestimmten Idee, mit der ein vorgegebenes Problem angegangen wird. Von einem Algorithmus unterscheidet sich ein heuristischer Ansatz dadurch, daß kein Nachweis vorliegt, ob alle möglichen Lösungen erfaßt werden bzw. ob von mehreren Lösungen die optimale erzielt wird.

7.1 Springerzug

Am Beispiel des Springerzugs wird im folgenden gezeigt, daß ein heuristisches Verfahren effektiver als eine Backtracking-Methode sein kann.

Die grundlegende Idee ist folgende: Von allen möglichen Springerzügen führt man denjenigen aus, der auf einem Feld landet, von dem es wiederum am wenigsten mögliche Sprünge gibt. Gibt es mehrere solche Felder, so wählt man ein beliebiges. Es leuchtet ein, daß z.B. ein Eckfeld, von dem aus nur wenige Sprünge möglich sind, auch mit kleiner Wahrscheinlichkeit wieder besucht wird. Solche Felder werden also zuerst besucht. Es ist jedoch nicht klar, daß diese heuristische Idee zu einem vollständigen Springerzug über das Schachbrett führt. Durch Ausprobieren zeigt sich jedoch, daß auch bei beliebigem Startpunkt i.a. eine Lösung gefunden wird.

Das Vorgehen kann wie folgt strukturiert werden

	setze die Anfangswerte
wieder- hole	stelle alle Zugmöglichkeiten fest
	ermittle alle Felder, die beim nächsten Zug erreicht werden können
	zähle die Anzahl der von dort möglichen Züge
	wähle davon das Feld mit der kleinsten Anzahl aus
	führe entsprechenden Zug durch
bis keine weitere Zugmöglichkeit mehr besteht	

Die besuchten Felder $B(I, J)$ werden in der Reihenfolge numeriert, in der sie betreten werden. $B(I, J) = 0$ zeigt, daß das Feld noch nicht besucht worden ist. In den Zeilen 390 bis 460 werden die Anzahl der Zugmöglichkeiten für den nächsten Schritt ermittelt. Das Minimum der Zugmöglichkeiten wird in einem Unterprogramm ermittelt. Dieses Minimum dient gleichzeitig zur Programmsteuerung. Falls keine Zugmöglichkeit mehr besteht, erhält es den Wert 0, und das Programm bricht ab.

Das Ergebnis des folgenden BASIC-Programms für den Startpunkt (1,1) kann dem Programmausdruck entnommen werden. Die Ausführung zeigt, daß das heuristische Verfahren auf einem 8 × 8-Schachbrett schneller ist, als das Backtracking auf einem 5 × 5-Feld.

```
100 REM SPRINGERZUG
110 :
120 PRINT"SPRINGERZUG":PRINT
130 DIM B(8,8),I(8),J(8),Z(8)
140 :
150 REM KOORDINATENAENDERUNGEN BEIM SPRINGERZUG
160 FOR I=1 TO 8
170 READ I(I)
180 NEXT I
190 FOR I=1 TO 8
200 READ J(I)
210 NEXT I
220 :
230 I=1:J=1: REM STARTPOSITION
240 F=1: REM NUMERIERUNG DER FELDER
250 B(I,J)=1 : REM FELD DES BRETTS BELEGT
260 :
270 REM SCHLEIFE ZUR PRUEFUNG ALLER ZUGMOEGLICHKEITEN
280 M=1
290 IF M=0 THEN 570
300 FOR K=1 TO 8
310 I1=I+I(K):J1=J+J(K)
320 :
330 REM PRUEFUNG OB BRETTRAND ERREICHT
340 IF (I1-1)*(8-I1)<0 OR (J1-1)*(8-J1)<0 THEN Z(K)=9:GOTO 470
350 IF B(I1,J1)>0 THEN Z(K)=9:GOTO 470
360 Z(K)=0
370 :
380 REM VORAUSBERECHNUNG DER NAECHSTEN ZUEGE
390 K1=1
400 IF K1=9 THEN 470
410 I2=I1+I(K1):J2=J1+J(K1)
420 IF I2>0 AND I2<9 AND J2>0 AND J2<9 THEN 440
430 GOTO 450
440 IF B(I2,J2)=0 THEN Z(K)=Z(K)+1
450 K1=K1+1
460 GOTO 400
470 NEXT K
480 :
490 REM SUCHE DES ZUGS MIT DER KLEINSTEN ZAHL VON MOEGLICHKEITEN
500 GOSUB 640
510 I=I+I(L):J=J+J(L)
520 F=F+1 : REM NAECHSTES FELD
530 B(I,J)=F
540 GOTO 290
550 :
560 REM AUSGABE
570 FOR I=1 TO 8
580 FOR J=1 TO 8
590 PRINTTAB(J*4)B(I,J);
600 NEXT J:PRINT
610 NEXT I
620 END
630 :
640 REM UNTERPROGRAMM MINIMUMSSUCHE
650 L=1
660 FOR K=2 TO 8
670 IF Z(K)<Z(L) THEN L=K:M=Z(K)
```

```
 680 NEXT K
 690 RETURN
 700 :
 710 DATA -2,-1,1,2,2,1,-1,-2
 720 DATA 1,2,2,1,-1,-2,-2,-1
READY.
```

```
SPRINGERZUG

  1    16    27    22     3    18    47    56
 26    23     2    17    46    57     4    19
 15    28    25    62    21    48    55    58
 24    35    30    45    60    63    20     5
 29    14    61    34    49    44    59    54
 36    31    38    41    64    53     6     9
 13    40    33    50    11     8    43    52
 32    37    12    39    42    51    10     7
```

7.2 Umfüllaufgabe

Als zweites Beispiel soll eine Variante der bekannten Umfüllaufgabe von Abt *Albert* aus den Annales Stadenses des 13. Jahrhunderts gelöst werden. Dabei sollen mit Hilfe eines *5-l-* und eines *3-l*-Kruges 8 *l* Wein in zweimal 4 *l* geteilt werden.

Die Variante lautet: Aus einem Brunnen, der beliebig viel Wasser liefert, sollen mit Hilfe eines *8-l-* und eines *5-l*-Kruges 4 *l* Wasser abgemessen werden. Dabei ist natürlich vorausgesetzt, daß die Krüge keine Meßbecher-Markierung tragen.

Das heuristische Vorgehen besteht darin, solange den Inhalt des großen Krugs in den kleinen zu schütten, bis der große genau 4 *l* enthält.

Das Verfahren kann wie folgt strukturiert werden

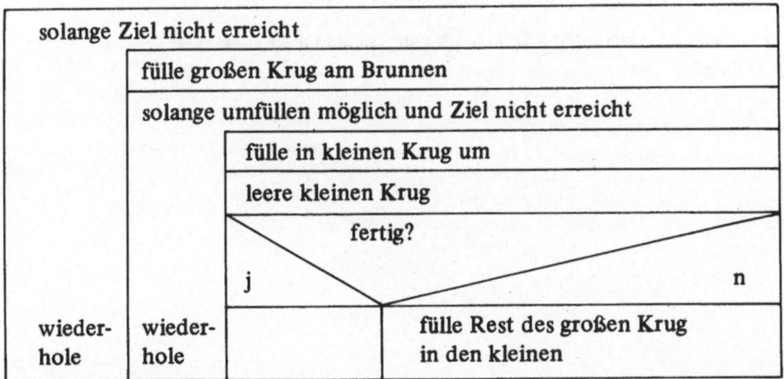

Der Algorithmus läßt sich sehr schön in Pascal formulieren. Das Füllen des kleinen Krugs aus dem großen und das Ausdrucken der Zwischenergebnisse wird als Prozedur formuliert.

Die Boolesche Variable *fertig* prüft, ob das Ziel erreicht ist; *genugwasser* gibt an, ob der Inhalt des großen Kruges ausreicht, den kleinen zu füllen.

Das Programm findet eine Lösung in 12 Schritten (siehe Programmausdruck). Da es sich um ein heuristisches Vorgehen handelt, ist es nicht sicher, ob es weitere bzw. kürzere Lösungen gibt.

```
100 program umfuellaufgabe(output);
110 const     grossvolumen=8;
120           kleinvolumen=5;
130           ziel=4;
140 var       grossinhalt,kleininhalt:integer;
150           genugwasser,fertig:boolean;
160 (*                                        *)
170 procedure fuelle_kleinen_krug;
180 begin
190 grossinhalt:=grossinhalt-(kleinvolumen-kleininhalt);
200 kleininhalt:=kleinvolumen
210 end;
220 (*                                        *)
230 procedure gib_inhalt_an;
240 begin
250 writeln(grossinhalt,kleininhalt)
260 end;
270 (*                                        *)
280 begin
290 grossinhalt:=0;kleininhalt:=0;fertig:=false;
300 while not fertig do
310 begin
320      grossinhalt:=grossvolumen;
330      gib_inhalt_an;
340      genugwasser:=true;
350      while genugwasser and not fertig do
360              begin
370              fuelle_kleinen_krug;
380              gib_inhalt_an;
390              fertig:=(grossinhalt=ziel);
400              kleininhalt:=0;
410              gib_inhalt_an;
420              genugwasser:=(grossinhalt>=kleinvolumen-kleininhalt)
430              end;
440      if not fertig then
450              begin
460              kleininhalt:=grossinhalt;grossinhalt:=0;
470              gib_inhalt_an
480              end
490 end
500 end.
```

GROSS	KLEIN
8	0
3	5
3	0
0	3
8	3
6	5
6	0
1	5
1	0
0	1
8	1
4	5
4	0

8 Greedy-Methoden

Greedy-Methoden sind spezielle heuristische Methoden, die Probleme mit vielfältigen Alternativen nach einer einfachen Strategie behandeln und daher „gierig" (engl. *greedy*) darauf sind, zu einer Lösung zu gelangen. Wie für heuristische Verfahren kennzeichnend, ist nicht gewährleistet, daß dabei die optimale Lösung erreicht wird. Gierige Methoden sind deswegen von Interesse, da die meisten Probleme des Operations Research NP-vollständig sind. Dies bedeutet, daß die Anzahl der bei jedem Schritt zu überprüfenden Alternativen stärker als ein Polynom wächst. Das Problem, ob es nicht doch einen Algorithmus mit polynomialem Verhalten gibt, der die optimale Lösung eines NP-vollständigen Problems liefert, ist zur Zeit ungelöst. Die meisten Mathematiker glauben nicht an die Existenz eines solchen Verfahrens.

Ein NP-vollständiges Verfahren ist das 0/1-Rucksackproblem; hier wächst die Anzahl der zu durchsuchenden Teilmengen mit 2^n. Ein weiteres Beispiel ist das Travelling-Salesman-Problem (Problem des Handelsreisenden), da es für eine Rundreise durch n Städte n! Möglichkeiten gibt.

8.1 Rucksackproblem

Da das 0/1-Rucksack-Problem bereits behandelt wurde, soll nun das allgemeine Rucksackproblem gelöst werden. Im Gegensatz zum ersteren, können hier die Gegenstände, die in den Rucksack gepackt werden, beliebig geteilt werden.

Die Idee des Greedy-Verfahrens besteht darin, die Objekte zuerst auszuwählen, für die das Verhältnis

Wertzuwachs/benötigte Rucksackkapazität

möglichst groß ist. Dies bedeutet, daß in der ausgewählten Reihenfolge das genannte Verhältnis monoton abnimmt.

Das Verfahren wird durch folgendes Struktogramm dargestellt:

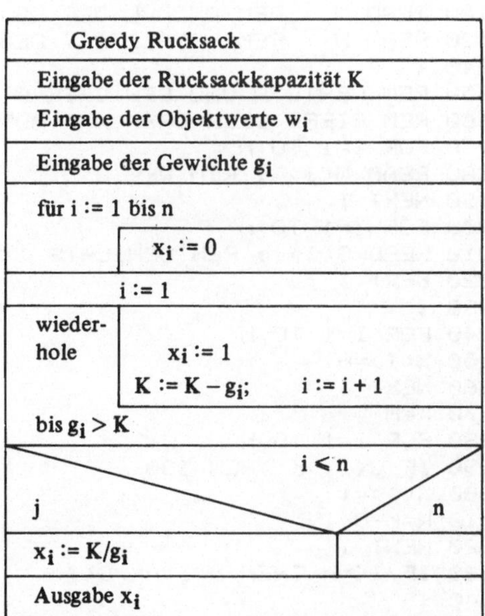

Da die wertvollsten Stücke zuerst in den Rucksack gepackt wurden, ist zu vermuten, daß
der gierige Algorithmus die optimale Lösung findet. Nach [4] ergibt sich tatsächlich die
optimale Lösung, wenn die Objekte so numeriert werden, daß gilt

$$\frac{w_1}{g_1} \geqslant \frac{w_2}{g_2} \geqslant \frac{w_3}{g_3} \geqslant \ldots \geqslant \frac{w_n}{g_n}$$

dabei ist w_i der Wert und g_i das Gewicht des i-ten Gegenstands.

Folgendes Beispiel (aus [4]) wird im Programm berechnet:

Ein Rucksack der Kapazität 20 kann mit folgenden Gegenständen gefüllt werden

Gegenstand	1	2	3
Wert	24	15	25
Gewicht	15	10	18

Wegen

$$\frac{24}{15} \geqslant \frac{15}{10} \geqslant \frac{25}{18}$$

sind die Gegenstände richtig numeriert. Das Programm liefert die Lösung

$$x_1 = 1, \quad x_2 = 0{,}5 \quad \text{und} \quad x_3 = 0.$$

Dies bedeutet, daß Objekt 1 vollständig, 2 zur Hälfte und 3 gar nicht eingepackt wird.
Der optimale Wert der Rucksackfüllung beträgt 31,5; die Summe der Gewichte ist gleich
der Rucksackkapazität 20.

```
100 REM RUCKSACKPROBLEM (GREEDY ALGORITHMUS)
110 :
120 READ N : REM ANZAHL DER OBJEKTE
130 READ M : REM KAPAZITAET DES RUCKSACKS
140 :
150 REM WERTE W UND GEWICHTE G MUESSEN SO NUME-
160 REM RIERT SEIN DASS W/G MONOTON FAELLT
170 FOR I=1 TO N
180 READ W(I) : REM WERTE
190 NEXT I
200 FOR I=1 TO N
210 READ G(I) : REM GEWICHTE
220 NEXT I
230 :
240 FOR I=1 TO N
250 X(I)=0
260 NEXT I
270 K=M
280 FOR I=1 TO N
290 IF G(I)>K THEN 330
300 X(I)=1
310 K=K-G(I)
320 NEXT I
330 IF I<=N THEN X(I)=K/G(I)
340 :
350 PRINT"RUCKSACKPROBLEM"
```

```
360 PRINT:PRINT"ANTEILE";TAB(10)"SUMM.GEWICHT";TAB(25)"SUMM.WERT"
370 S=0:G=0
380 FOR I=1 TO N
390 S=S+G(I)*X(I)
400 G=G+W(I)*X(I)
410 PRINT X(I);TAB(13)S;TAB(27)G
420 NEXT I
430 :
440 DATA 3,20
450 DATA 24,15,25
460 DATA 15,10,18
READY.


RUCKSACKPROBLEM


ANTEILE     SUMM.GEWICHT     SUMM.WERT
  1             15              24
 .5             20              31.5
  0             20              31.5
```

8.2 Travelling-Salesman-Problem

Auch für das schon erwähnte Travelling-Salesman-Problem läßt sich ein gieriger Algorithmus angeben. Die grundlegende Idee hierbei ist, von jedem Ort zu demjenigen weiterzureisen, der zum ersten am nächsten liegt.

Das Vorgehen kann wie folgt strukturiert werden

lies Entfernungstabelle und Start ein
solange noch nicht alle Städte besucht
suche die nächstgelegene Stadt
nimm diese Stadt in die Rundreise auf
addiere die Entfernung zur Rundreisenlänge
füge den Startort der Rundreise an
gibt die Rundreise aus

Gesucht sei eine kürzeste Rundreise durch folgende Städte:

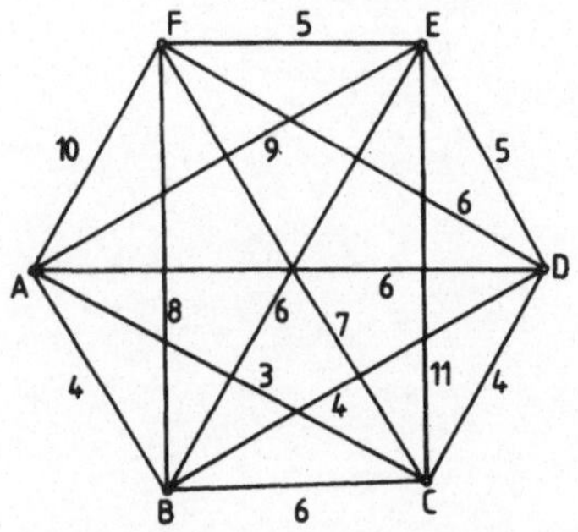

Das Verfahren wird im folgenden BASIC-Programm wie folgt programmiert:

Die Städte werden alphabetisch numeriert. Das Feld P(I) hält die Reihenfolge der besuchten Städte fest. Das Feld B(I) kennzeichnet durch den Wert 0 oder 1, ob die Stadt bereits besucht wurde oder nicht. Die Variable D summiert die Länge der Rundreise auf, Z zählt die besuchten Orte und AK gibt die aktuelle Stadt an. Damit eine Stadt nicht zweimal hintereinander besucht wird, wird die Entfernung jeder Stadt zu sich selbst groß gemacht; hier wurde der Wert 99 gewählt.

Die entsprechende Entfernungstablelle nennt man in der Graphentheorie *Distanzmatrix*.

Eingabe des Startorts 1 (=A) liefert die Rundreise

$$1 \quad 3 \quad 4 \quad 2 \quad 5 \quad 6 \quad 1$$

die Länge 32. Da es sich um einen Greedy-Algorithmus handelt, ist nicht zu erwarten, daß dies eine optimale Lösung darstellt. Durch Variieren des Startorts kann man u.U. noch die Lösung verbessern. Für Startort 6 (=F) erhält man die Rundreise

$$6 \quad 5 \quad 4 \quad 2 \quad 1 \quad 3 \quad 6$$

mit der Länge 28. Dies ist sicher eine nahezu optimale Lösung.

```
100 REM TRAVELLING SALESMAN (GREEDY ALGORITHMUS)
110 :
120 READ N : REM ANZAHL DER ORTE
130 DIM P(N+1),A(N,N)
140 READ S : REM NUMMER DES STARTORTS
150 FOR I=1 TO N
160 FOR J=1 TO N
170 READ A(I,J) : REM DISTANZMATRIX
180 NEXT J
190 NEXT I
200 :
210 REM STARTWERTE
220 AK=S:P(1)=S
230 Z=1:D=0
240 FOR I=1 TO N
250 B(I)=0
260 NEXT I
270 B(S)=1
280 :
290 REM SUCHE NACH NAECHSTEM NACHBARN
300 IF Z=N THEN 440
310 MIN=A(1,1):J=1
320 FOR I=1 TO N
330 IF B(I)=1 OR A(AK,I)>MIN THEN 350
340 MIN=A(AK,I):J=I
350 NEXT I
360 :
370 REM ERGAENZEN DER ROUTE
380 Z=Z+1:P(Z)=J
390 B(J)=1
400 D=D+A(AK,J)
410 AK=J
```

```
420 GOTO 300
430 :
440 REM RUECKKEHR ZUM START
450 P(N+1)=S
460 D=D+A(AK,S)
470 :
480 REM AUSGABE
490 PRINT:PRINT"LAENGE DER RUNDREISE";D
500 PRINT:PRINT"REIHENFOLGE DER ORTE:"
510 FOR I=1 TO N+1
520 PRINT P(I);
530 NEXT I:PRINT
540 END
550 :
560 DATA 6
570 DATA 1
580 DATA 99,4,3,6,9,10
590 DATA 4,99,6,4,6,8
600 DATA 3,6,99,4,11,7
610 DATA 6,4,4,99,5,6
620 DATA 9,6,11,5,99,5
630 DATA 10,8,7,6,5,99
READY.
```

```
TRAVELLING  SALESMAN

LAENGE DER RUNDREISE 32

REIHENFOLGE DER ORTE:
 1   3   4   2   5   6   1
```

9 Rückwärtsrechnen

Eine in der Unterhaltungsmathematik beliebte Lösungsmethode ist das Rückwärtsrechnen vom Ergebnis her (engl. *working backward*).

9.1 Jeep-Problem

Eine gelungene Anwendung findet das Rückwärtsrechnen beim sogenannten Jeep-
Problem: Ein Jeep, der nur im Tank Benzin befördern kann, soll eine sehr große Wüste
durchqueren. Die einzige Benzinquelle ist ein Tanklager am Rand der Wüste. Welche
Strecke kann der Jeep höchstens zurücklegen?

Folgendes Zahlenbeispiel sei gewählt: Der Benzinverbrauch beträgt 8 l je 100 km,
der Tankinhalt ist 50 l und der Benzinvorrat umfaßt 10 Tankfüllungen. Mit einer Tankfüllung schafft der Jeep somit 625 km. Eine größere Strecke kann er nur zurücklegen,
wenn er unterwegs einige Zwischenlager anlegt. Eine Lösung findet man durch Rückwärtsrechnen. Das *letzte* Tankdepot A kann sinnvollerweise nur eine Tankfüllung enthalten, da der Jeep nicht mehr Benzin transportieren kann. Um eine Tankfüllung vom vor-
letzten Depot B nach A zu transportieren und nach A zurückzukehren, muß der Jeep die
Strecke AB dreimal zurücklegen. Kommt er dabei zum 1. Mal nach A kann er $\frac{1}{3}$ Tankfüllung abladen, beim 2. Mal hat er noch $\frac{2}{3}$ Füllung im Tank. B muß also von A $\frac{1}{3}$ der
Strecke entfernt sein, die der Jeep mit einer Tankfüllung schafft; d.h. $\frac{625}{3}$ km.

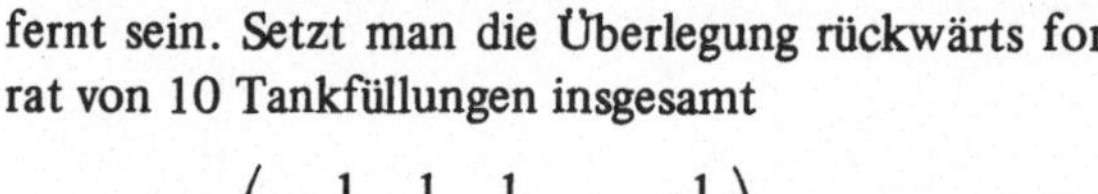

D°   C   B   A   625 km

$\frac{625}{5}$ km $\frac{625}{3}$ km

Um vom drittletzten Zwischenlager C zwei Tankfüllungen nach B zu bringen, muß der
Jeep fünfmal hin- und herfahren. Zweimal kann er, von C kommend, $\frac{3}{5}$ Tankfüllung abladen, beim drittenmal besitzt er noch $\frac{4}{5}$ der Tankfüllung. C muß also von B $\frac{625}{5}$ km entfernt sein. Setzt man die Überlegung rückwärts fort, so zeigt sich, daß er mit einem Vor-
rat von 10 Tankfüllungen insgesamt

$$625 \left(1 + \frac{1}{3} + \frac{1}{5} + \frac{1}{7} + ... + \frac{1}{19}\right) \text{ km} = 1333{,}28 \text{ km}$$

zurücklegen kann. Der Beweis, daß dies tatsächlich die optimale Lösung ist, ist schwierig.

Interessant ist, daß der Jeep auf diese Weise jede beliebig große Wüstenstrecke zurücklegen kann, entsprechenden Benzinvorrat vorausgesetzt. Dies folgt daraus, daß die
Summe

$$1 + \frac{1}{3} + \frac{1}{5} + \frac{1}{7} + \frac{1}{9} + ... + ...$$

divergiert, d.h. jeden endlichen Wert übersteigt.

Das Verfahren kann entsprechend in Pascal formuliert werden. Die Distanzen zwischen den Depots werden über eine Funktion berechnet, ebenso die Benzinmenge, die jeweils ausgeladen werden muß. Die maximal erreichbare Entfernung ergibt sich rekursiv aus ihrem alten Wert vermehrt um die Distanz des neu hinzukommenden Zwischenlagers. Das Hauptprogramm umfaßt nur die Eingabedaten und eine Schleife, die die jeweils benötigten Funktionen aufruft.

```
100 program jeepproblem(input,output);
110 var      k,j,vorrat:integer;
120          verbrauch,tank:real;
130 function distanz(i:integer;v,t:real):real;
140 begin
150 distanz:=t/((2*i+1)*v)
160 end;
170 (*                                             *)
180 function ausladen(i:integer;v,t:real):real;
190 begin
200 ausladen:=t-2*v*distanz(i,v,t)
210 end;
220 (*                                             *)
230 function maxentfern(i:integer;v,t:real):real;
240 begin
250 if i<>1 then
260         maxentfern:=distanz(i-1,v,t)+maxentfern(i-1,v,t)
270         else maxentfern:=t/v
280 end;
290 (*                                             *)
300 begin (* Hauptprogramm *)
310 writeln('Gib Vorrat an Tankfuellungen an!');
320 read(vorrat);
330 writeln('Gib Benzinverbrauch auf 100 km an!');
340 read(verbrauch);
350 writeln('Gib Tankinhalt an!');
360 read(tank);
370 for k:=1 to vorrat-1 do
380     begin
390     write(100*distanz(vorrat-k,verbrauch,tank):8:2,' km');
400     writeln(ausladen(vorrat-k,verbrauch,tank):8:2,' ltr')
410     end;
420     writeln(100*distanz(0,verbrauch,tank):8:2,' km');
430 write('max.Entfernung=');
440 writeln(100*maxentfern(vorrat,verbrauch,tank):8:2,' km')
450 end.

TANKFUELLUNGEN=10
BENZINVERBRAUCH=8
TANKINHALT=50
 32.89 KM   44.74 LTR
 36.76 KM   44.12 LTR
 41.67 KM   43.33 LTR
 48.08 KM   42.31 LTR
 56.82 KM   40.91 LTR
 69.44 KM   38.89 LTR
 89.29 KM   35.71 LTR
125.00 KM   30.00 LTR
208.33 KM   16.67 LTR
625.00 KM
MAX.ENTFERNUNG= 1333.28 KM
```

9.2 Besselfunktion 1. Art

Auch bei numerischen Verfahren findet das Rückwärtsrechnen Anwendung. Die Besselfunktionen 1. Gattung sind durch die Rekursionsformel

$$J_{n+1}(x) = \frac{2n}{x} J_n(x) - J_{n-1}(x)$$

definiert. Programmiert man diese für $x = 1$ mit den Startwerten

$$J_0(1) = 0{,}765197687$$
$$J_1(1) = 0{,}440040486$$

so zeigt sich, daß alle Ziffern von $J_8(1)$ und $J_9(1)$ falsch sind. Der unvermeidliche Rundungsfehler wurde fortwährend mit $2n$ multipliziert und dadurch schließlich so groß, daß er die numerischen Werte völlig verfälschte.

Durchläuft man jedoch obige Rekursionsformel rückwärts:

$$J_{n-1}(x) = \frac{2n}{x} J_n(x) - J_{n+1}(x)$$

mit den Startwerten

$$J_9(1) = 5{,}249250 \cdot 10^{-9}$$
$$J_8(1) = 9{,}422344 \cdot 10^{-8}$$

so kommt es nur zu einem Verlust von 2 geltenden Stellen. Der Nachteil des Rückwärtsrechnen ist hier, daß die Kenntnis von $J_8(x)$ und $J_9(x)$ vorausgesetzt wird, Werte, die ja eigentlich berechnet werden sollten.

Mit Hilfe eines Tricks kann man sich von dieser Voraussetzung freimachen. Man setzt willkürlich

$$J_9(x) = 0$$
$$J_8(x) = 1$$

und hofft, daß sich die bei einer großen Zahl von Iterationen ergebenden Werte proportional zu den entsprechenden Funktionswerten der Besselfunktionen verhalten.

Mit Hilfe der Beziehung

$$J_0(x) + 2J_2(x) + 2J_4(x) \dots = 1$$

läßt sich dann die Proportionalitätskonstante bestimmen.

Im folgenden BASIC-Programm erfolgt dies in den Zeilen 250–260. Die im Programmausdruck gegebenen Funktionswerte haben neun geltende Stellen!

```
100 REM BERECHNUNG DER BESSELFUNKTIONEN 1.ART
110 :
120 PRINT"BESSELFUNKTIONEN 1.ART"
130 PRINT:INPUT"HOECHSTE ORDNUNG";M
140 INPUT"X-WERT >0";X
150 DIM Y(M)
160 :
170 Y(0)=1:Y(1)=0:C=0
180 :
190 N=20 : REM ZAHL DER ITERATIONEN
200 FOR I=M TO 1 STEP -1
```

```
210 Y(I)=Y(I-1)
220 NEXT I
230 Y(0)=2*N*Y(1)/X-Y(2)
240 N=N-1
250 IF N=0 THEN C=C+Y(0):GOTO 290
260 IF N/2=INT(N/2) THEN C=C+2*Y(0)
270 GOTO 200
280 :
290 PRINT"ORDNUNG      Y(X)"
300 FOR I=0 TO M
310 Y(I)=Y(I)/C
320 PRINT I,Y(I)
330 NEXT I
340 END
READY.
```

```
BESSEL-FUNKTIONEN  1.ART

HOECHSTE ORDNUNG? 9
X-WERT >0? 1

ORDNUNG      Y(X)
0            .765197687
1            .440050586
2            .114903485
3            .019563354
4            2.47663896E-03
5            2.4975773E-04
6            2.0938338E-05
7            1.50232582E-06
8            9.42234417E-08
9            5.24925018E-09
```

Die Besselfunktionen 1. Gattung können auch über unendlichen Reihen definiert werden

$$J_n(x) = \sum_{k=0}^{\infty} \frac{(-1)^k}{k!\,\Gamma(n+k+1)} \left(\frac{x}{2}\right)^{n+2k}$$

Sie sind Lösung der Besselschen Differentialgleichung

$$x^2 y'' + xy' + (x^2 - n^2)y = 0$$

die u.a. in der Quantenmechanik eine Rolle spielt. Sie treten auch als Integral in der Analysis auf

$$J_{2n}(x) = \frac{2}{\pi} \int_0^{\pi/2} \cos(x\sin\varphi)\,\cos 2n\varphi\,d\varphi$$

$$J_{2n+1}(x) = \frac{2}{\pi} \int_0^{\pi/2} \sin(x\sin\varphi)\,\cos(2n+1)\varphi\,d\varphi$$

10 Simulation

Unter Simulation versteht man das Nachvollziehen eines Vorgangs oder Experiments am Computer. Verwendet man bei der Simulation Zufallszahlen, so spricht man von Monte-Carlo-Simulation. Es überrascht, daß mit Monte-Carlo-Methoden auch Fragestellungen beantwortet werden können, die nicht aus dem Bereich der Wahrscheinlichkeitsrechnung stammen, wie z.B. Lösungen von linearen Gleichungssystemen und Inversion von Matrizen. Bei der Berechnung von Mehrfachintegralen hoher Dimension sind Monte-Carlo-Methoden sogar effektive Verfahren, da bei der numerischen Integration die Zahl der Funktionsauswertungen exponentiell anwächst.

10.1 Warten auf einen vollständigen Satz

Als erstes Beispiel wird das Problem der Sammelbilder betrachtet. Wieviele Bilder muß man durchschnittlich sammeln, um einen vollständigen Satz von 30 zu erhalten? Die zugehörige Simulation kann wie folgt strukturiert werden:

für i := 1 bis Anzahl der Simulationen			
	für j := 1 bis Anzahl der Bilder		
		solange noch nicht alle Bilder vollständig	
		wieder-hole	lose neues Bild aus
			zähle Anzahl der bisher gesammelten Bilder
	bestimme Anzahl aller Bilder		
bilde Mittelwert der gesammelten Bilder			

Das folgende BASIC-Programm verwendet folgende Variablen: T zählt alle Bilder, Z die Anzahl der verschiedenen Bilder innerhalb einer Simulation, S die Anzahl der Bilder überhaupt. Die Anzahl der doppelten Bilder wird im Feld D(I) gespeichert.

Mit Hilfe des Befehls

INT(N*RND(1)) + 1

wird eine ganzzahlige Zufallszahl zwischen 1 und n erzeugt, sie ist die Nummer des zufällig gezogenen Sammelbildes. Dividiert man schließlich die Anzahl S aller Bilder durch die Anzahl der Simulationen, so erhält man den gesuchten Mittelwert.

Beim Programmbeispiel mußten 112 Bilder gesammelt werden, um einen vollständigen Satz von 30 Sammelbildern zu erhalten. Der theoretische Erwartungswert E bei n Bildern beträgt

$$E = n \left(1 + \frac{1}{2} + \frac{1}{3} + \frac{1}{4} + \frac{1}{5} + \dots + \frac{1}{n}\right)$$

für n = 30 ergibt sich

E = 119,8.

Ein Sammler, der einen Satz von 50 Bildern komplettieren möchte, muß durchschnittlich 225 Bilder sammeln.

Bemerkenswert ist, daß diese Simulation auch umgekehrt zum Testen von Zufallszahlen (engl. *Coupon collector's test*) benützt werden kann.

```
100 REM WARTEN AUF EINEN VOLLSTAENDIGEN SATZ VON BILDERN
110 :
120 PRINT"WARTEN AUF EINEN VOLLSTAEND.SATZ"
130 PRINT:INPUT"WIEVIELE BILDER";N
140 PRINT:INPUT"WIEVIELE SIMULATIONEN";M
150 DIM D(N) : REM ZAEHLT DIE DOUBLETTEN
160 :
170 S=0 : REM S ZAEHLT ALLE BILDER
180 FOR I=1 TO M
190 Z=0 : REM LAUFENDE ZAHL DES BILDS
200 FOR J=1 TO N
210 D(J)=0
220 NEXT J
230 :
240 REM AUSLOSEN DER BILDER
250 R=INT(N*RND(1))+1
260 D(R)=D(R)+1
270 IF D(R)<>1 THEN 250
280 :
290 Z=Z+1 : REM WEITERZAEHLEN
300 IF Z<N THEN 250
310 :
320 REM SUMMATION DER BILDERZAHLEN
330 T=0
340 FOR J=1 TO N
350 T=T+D(J)
360 NEXT J
370 S=S+T
380 NEXT I
390 :
400 PRINT:PRINT"MITTELWERT DER BENOETIGTEN BILDER=";S/M
410 END
READY.
```

WARTEN AUF VOLLSTAEND.SATZ

WIEVIELE BILDER? 30

WIEVIELE SIMULATIONEN? 25

MITTELWERT DER BENOETIGTEN BILDER= 111.6

10.2 Anzahlschätzung von Objekten

Auch die Anzahlschätzung von numerierten Objekten kann mit Hilfe von Monte-Carlo-Methoden simuliert werden.

Sind z.B. in einer Stadt Taxis und Buslinien durchnumeriert, so kann aus den Nummern der beobachteten Fahrzeuge die Anzahl aller geschätzt werden.

Faßt man die Nummern der beobachteten Taxis als Stichprobe aus der Grundgesamtheit auf, so ist der Mittelwert der Stichprobe ein erwartungstreuer Schätzwert für das Mittel der Grundgesamtheit. Ist B die Anzahl der Beobachtungen x_1, x_2, ..., x_B, so gilt wegen des Übereinstimmens der Mittelwerte

$$\frac{x_1 + x_2 + ... + x_B}{B} = \frac{1 + 2 + 3 + ... + N}{N}$$

Die Monte-Carlo-Schätzung für die gesuchte Anzahl N der Taxis ist somit

$$N = 2\,\frac{x_1 + x_2 + ... + x_B}{B} - 1$$

Im folgenden BASIC-Programm ist T die Summe der ausgelosten Taxinummern, S liefert den gesuchten Schätzwert für N. Im Programmbeispiel erhält man bei 100 Beobachtungen für 1000 Taxis den Schätzwert 1022.

```
100 REM ABSCHAETZUNG VON NUMERIERTEN OBJEKTEN
110 :
120 PRINT"ANZAHLSCHAETZUNG VON OBJEKTEN"
130 PRINT:INPUT"ZAHL DER OBJEKTE";N
140 PRINT:INPUT"ZAHL DER BEOBACHTUNGEN";B
150 :
160 T=0  : REM ZAEHLER
170 REM AUSLOSEN DER BEOBACHTETEN OBJEKTE
180 FOR I=1 TO B
190 R=INT(N*RND(1))+1
200 T=T+R
210 NEXT I
220 :
230 REM SCHAETZWERT FUER ANZAHL
240 S=2*T/B-1
250 S=INT(S+.5000001): REM RUNDUNG
260 PRINT:PRINT"SCHAETZWERT FUER ANZAHL=";S
270 END
READY.
```

```
ANZAHLSCHAETZUNG VON OBJEKTEN

ZAHL DER OBJEKTE? 1000

ZAHL DER BEOBACHTUNGEN? 100

SCHAETZWERT FUER ANZAHL= 1022
```

Literaturverzeichnis

[1] *Alagić, S., Arbib, M. A.:* The design of well-structured and correct programs. New York, Heidelberg, Berlin: Springer 1978

[2] *Bauer, F. L., Wössner, H.:* Algorithmische Sprache und Programmentwicklung. New York, Heidelberg, Berlin: Springer 1981

[3] *Denert, E., Frank, R.:* Datenstrukturen. Mannheim, Wien, Zürich, Bibliographisches Institut 1977

[4] *Horowitz, E., Sahni, S.:* Algorithmen. New York, Heidelberg, Berlin: Springer 1981

[5] *Perl, J.:* Rekursive Programmierung. München, Wien: Carl Hanser 1979

[6] *Wirth, N.:* Algorithmen und Datenstrukturen. Stuttgart: B. G. Teubner 1979

[7] *Abramowitz/Stegun:* Handbook of Mathematical Functions. New York: Dover 1965

[8] *Balzert, H.:* Entwicklung von Software-Systemen. Mannheim, Wien, Zürich: Bibliographisches Insitut 1982

[9] *Hellmann, M. E.:* Die Mathematik neuer Verschlüsselungssysteme. Weinheim: Spektrum der Wissenschaft Heft 10/79

[10] *Weber, H. H.:* Lineare Programmierung. Frankfurt a.M.: Akademische Verlagsgesellschaft 1973

[11] *Herrmann, D.:* 9 Sortierprogramme. in Vieweg Programmbibliothek Mikrocomputer 2. S. 44–65

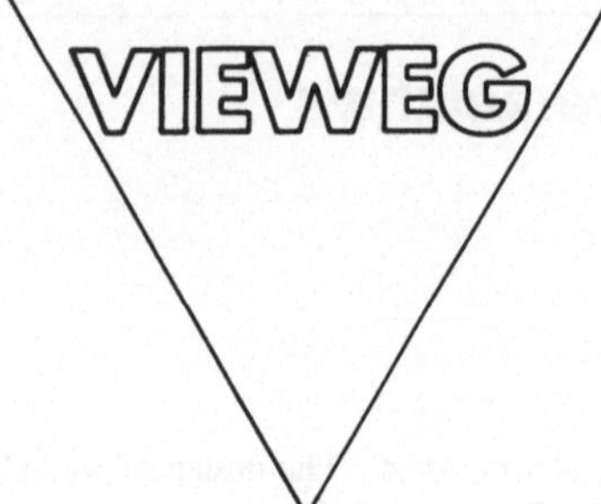

Dietmar Herrmann
Wahrscheinlichkeitsrechnung, Statistik — 30-BASIC-Programme
Mit einer Einführung von Wolfgang Wöger. Hrsg. von Harald Schumny, 1983. VI, 70 S. 16,2 X 22,9 cm. (Anwendung von Mikrocomputern, Bd. 2.) Br.

Dietmar Herrmann
Numerische Mathematik — 40 BASIC-Programme
Mit einer Einführung von Wolf Mannhardt. Hrsg. von Harald Schumny. 1983. VI, 141 S. 16,2 X 22,9 cm. (Anwendung von Mikrocomputern, Bd. 4.) Br.

Dietmar Herrmann
Datenstrukturen in PASCAL und BASIC
Mit 12 PASCAL- und 8 BASIC-Programmen. 1984. VI, 58 S. 16,2 X 22,9 cm. (Programmieren von Mikrocomputern, Bd. 10.) Br.

Wolfgang Schneider
BASIC für Fortgeschrittene
Textverarbeitung, Arbeiten mit logischen Größen, Computersimulation, Arbeiten mit Zufallszahlen, Unterprogrammtechnik. 1982. IX, 189 S. mit zahlr. Beisp. und 10 vollst. Progr. 16,2 X 22,9 cm. (Programmieren von Mikrocomputern, Bd. 3.) Br.

Howard Franklin, Joanne Koltnow und LeRoy Finkel
Spielprogramme für den APPLE IIe
Spiele sowie Anleitungen, Techniken und Unterprogramme für die Eigenentwicklung von Spielen. 1984. Ca. 160 S. 16,2 X 22,9 cm. Br.

Disketten-Set
Spielprogramme für den APPLE IIe
Zwei 5 1/4 '' Disketten.